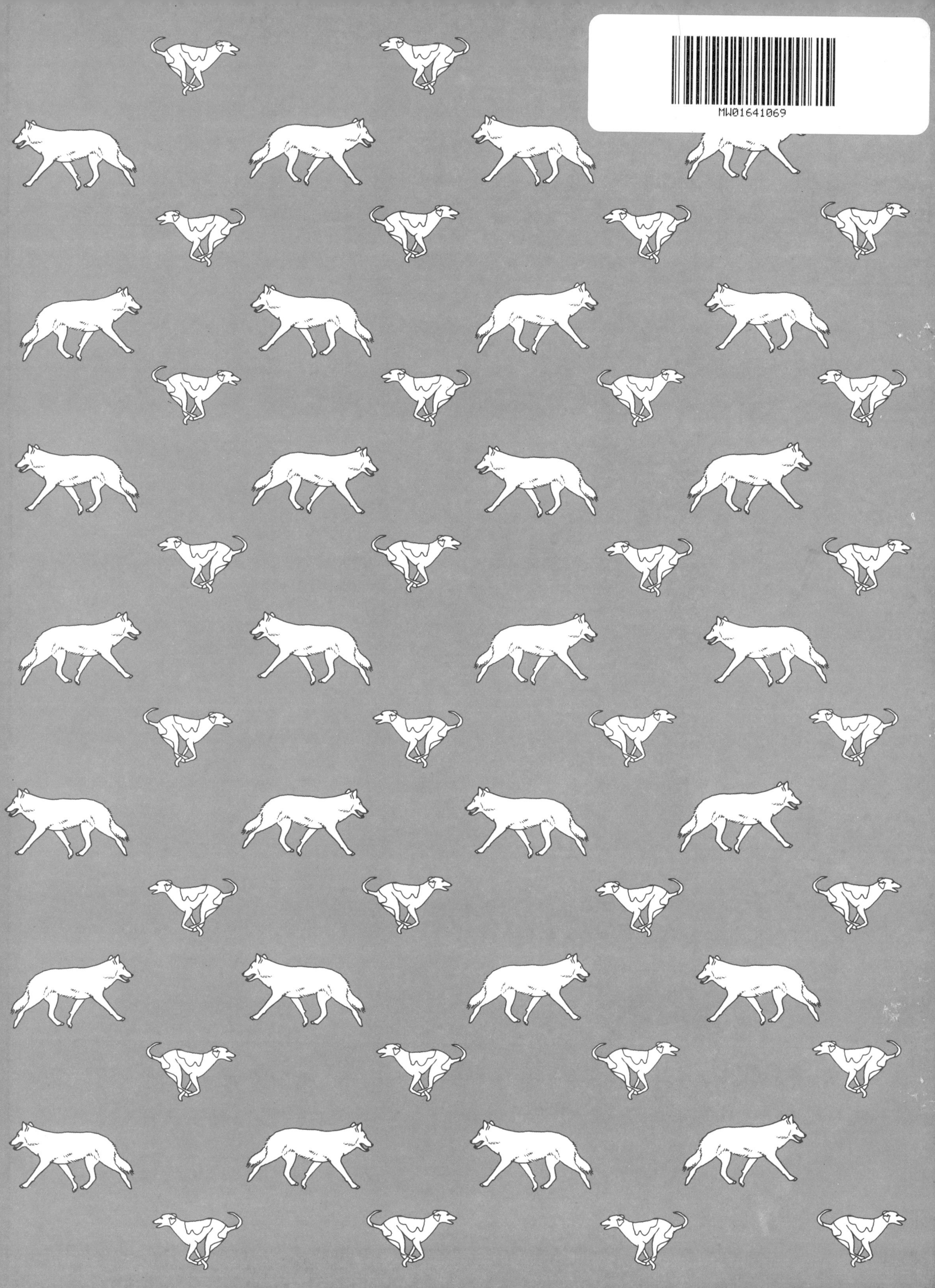

HUNDE

Welpen der Deutschen Dogge

Bluthund (Bloodhound)

Rotfuchs

Skelett eines
Mähnenwolfs

Australian Silky Terrier

Shampoonierter
Pudel

Sehen · Staunen · Wissen

Bronzener Anubis
(um 500 v.Chr.)

HUNDE

Die faszinierendsten Arten und Rassen
Evolution, Aussehen, Verhalten

Australian Terrier

Text von
Juliet Clutton-Brock

Salukis (Persische Windhunde)

Englischer Setter

Eisfuchs im Sommerpelz

Beagle

Gerstenberg Verlag

Langhaardackel und Rauhaardackel

Eisfuchs im Winterpelz

Schädel eines Fenneks (Wüstenfuchses)

Lurcher

Mischlingshund

Die Deutsche Bibliothek – CIP-Einheitsaufnahme

Ein Titeldatensatz für diese Publikation ist bei
Der Deutschen Bibliothek erhältlich.

Ein Dorling-Kindersley-Buch
Originaltitel: Eyewitness Guides: Dog

Lektorat: Marion Dent, Helen Parker
Layout und Gestaltung: Jutta Kaiser-Atcherley, Julia Harris
Herstellung: Louise Barratt; Bildredaktion: Cynthia Hole
Fotografie: Jerry Young, Alan Hills, Colin Keates

Gesetzt nach neuer Rechtschreibung
Aus dem Englischen von
Margot Wilhelmi, Sulingen

Satz: Gerstenberg Druck GmbH, Hildesheim
Printed in China
ISBN 3-8067-4430-0

01 02 03 04 05 8 7 6 5 4

Bronzehund aus Ägypten (etwa 300 v.– 300 n. Chr.)

Französische Bulldogge

Römische Bronzelampe mit Hundekopf und Hundefüßen (um Christi Geburt)

Inhalt

Boxer

JAGDPATRON
Dieses Gemälde von Albrecht Dürer (1471–1528) zeigt den heiligen Hubertus mit seinen Hunden.

Was ist ein Hund?

Zur Familie der Hundeartigen (*Canidae*, von lat. *canis* = Hund) zählt man etwa 37 Arten. Die Hundefamilie gehört zu den Raubtieren, d.h. Hunde sind Fleisch fressende Jäger und zeigen bestimmte Anpassungen an diese Lebensweise. So besitzen sie ein typisches Raubtiergebiss (S.8–9), mit dem sie Beutetiere töten und Fleisch und Knochen zerkleinern können. Unter den Sinnen spielt der Geruchssinn die größte Rolle (S.16–17): Hunde sind „Nasentiere“. Sie hören auch recht gut, der Gesichtssinn ist nicht so ausgeprägt (S.14–15). Abgesehen vom südamerikanischen Waldhund und vom Marderhund (S.32–33) besitzen alle Hundeartigen lange Beine. Mit ihnen können die Hunde auf der Hetzjagd ihre Beute schnell und ausdauernd verfolgen. Hunde besitzen fünfkrallige Vorder– und vierkrallige Hinterpfoten und sind Zehenspitzengänger. Nur einige Haushundrassen besitzen fünfkrallige Hinterpfoten. Wildhunde sind langschwänzig und ihr Fell ist (außer beim Afrikanischen Wildhund) flecken- und streifenlos (S.12–13). In der Regel paaren sich Hunde einmal im Jahr und bringen nach zweimonatiger Tragzeit einen Wurf Junge zur Welt (S.20–21). Wie alle Säugetiermütter säugen auch Hunde ihre Jungen (Welpen) nach der Geburt. Die Aufzucht der Jungen ist meist Sache des ganzen Rudels oder beider Elternteile.

HUNDE IN ALLER WELT
Wildhunde waren ursprünglich fast überall auf der Welt verbreitet. Nur in Australasien und in der Antarktis wurden sie erst vom Menschen eingebürgert (S.36–37).

Kleine, rundliche Ohren

Vielfarbiges Fell

Goldschakal

EIN SCHAKAL KOMMT SELTEN ALLEIN
Alle Schakalarten (S.24–25) – Gold-, Schabracken-, Streifenschakal – und der verwandte Abessinische Fuchs leben in Afrika. Den Goldschakal findet man jedoch auch in Teilen Europas und Asiens. Schakale leben und jagen in Paaren, die meist in lebenslanger Ehe beisammen bleiben.

Lunte

Rotfuchs

ROTER EINZELGÄNGER
Der Rotfuchs geht ganz allein auf die Jagd nach Hasen und Nagetieren. Das unterscheidet Füchse von den meisten anderen Hunden (S.18–19). Das auffälligste Erkennungszeichen der Füchse ist ihr buschiger Schwanz, die Lunte.

HUNDEGALERIE
Dieses Bild zeigt nur einige der 400 Haushundrassen (S.48–61). Trotz aller Unterschiede in Größe, Gestalt und Farbe besitzen alle Rassen des Haushunds einen gemeinsamen Vorfahren: den Wolf, der vor etwa 12.000 Jahren erstmals vom Menschen gezähmt wurde (S.8–9).

WÄRME FÜSSE
Bei Ordensleuten im Mittelalter fanden Hunde sogar als Fußwärmer Verwendung. Dieses Buntglasfenster einer englischen Kirche zeigt die biblischen Gestalten Tobias und Sarah mit einem Hund, der ihnen die Füße wärmt.

Die unteren Reißzähne sind bei dieser Art ungewöhnlich flach.

DER GRÖSSTE WILDE
Der Wolf (S.22–23) ist die größte wilde Hundeart und der Vorfahr aller Haushunde (S.48–61). Er lebt und jagt in Rudeln und hat das ausgeprägteste Sozialleben unter den Hundeartigen.

Dieser Wolf besitzt ein dickes, graues Fell. Es gibt auch weiße, rote, braune und schwarze Wölfe.

Wolf

WILDER AFRIKANER
Der Afrikanische Wildhund ist ein ausgeprägter Rudeljäger. Er bewohnt die afrikanischen Steppen. Doch heute ist dieser an eine Hyäne erinnernde Hund vom Aussterben bedroht. Krankheiten, Bejagung und die Zerstörung seines Lebensraumes haben die Wildhundbestände schon stark dezimiert.

Afrikanischer Wildhund

Diese Streifenhyäne lebt in Afrika und Westasien. Hyänen sind Jäger und Aasfresser mit einem sehr kräftigen Gebiss.

Aufgrund der kurzen Hinterbeine haben die Hyänen eine „geduckte" Haltung.

Das Gebiss unterscheidet sich von dem der Hundeartigen.

Vorderbeine länger als Hinterbeine

Der ausgestorbene tasmanische Beutelwolf sah einem Hund recht ähnlich, doch er war ein Beuteltier und somit näher mit dem Känguru als mit einem Hund verwandt.

Der Beutelwolf konnte nicht nach Hundeart mit dem Schwanz wedeln.

Keine Hunde!

Hyänen bilden eine eigene Raubtierfamilie und sind näher mit den Katzen als mit den Hunden verwandt. Der Beutelwolf gehört noch nicht einmal zur Ordnung Raubtiere. Er war ein Beuteltier. Präriehunde sind Nagetiere aus Nordamerika und mit Murmeltieren und Eichhörnchen verwandt.

Präriehunde sind soziale Nagetiere. Sie leben in gemeinschaftlichen Gangsystemen.

Entwicklungsgeschichte

HUNDSSTERN
Der hellste Stern am südlichen Sternenhimmel ist der Hundsstern (Sirius) im Sternbild des Großen Hundes.

Aus einem Puzzle von Fossilfunden – oft liegen nur Zähne oder Kieferbruchstücke vor – versuchen Wissenschaftler die Stammesgeschichte der Tiere zu rekonstruieren. Bei den oft spärlichen Funden verwundert es nicht, dass sich die Theorien oft als falsch erweisen, und auch unsere heutige Vorstellung ist sicherlich nicht vollkommen richtig. Als Stammgruppe aller Raubtiere gelten die über 50 Millionen Jahre alten *Miacidae*. Unter ihnen besitzt *Cynodictis* einige hundeähnliche Merkmale. Urahn der Hundeartigen ist *Hesperocyon*, der vor 30 Millionen Jahren (im Oligozän) in Nordamerika lebte. Über *Tomarctus* führte eine Entwicklungslinie zu den ausgestorbenen, wahrscheinlich Aas fressenden Urgroßhunden. Die Hundeartigen als eine andere Linie eroberten von Nordamerika aus fast alle Erdteile und spalteten sich in die heute bekannten Arten auf. Der Wolf entstand vor ca. 300.000 Jahren in der Alten Welt. Und vor 12.000 Jahren begannen Menschen damit, aus Wölfen Haushunde zu züchten.

Hirnschädel

Augenhöhle

Nasenbein

Oberkieferknochen

Paukenbein

Oberteil der „Brechschere" (Vorbackenzahn)

Oberer Backenzahn

Foramen magnum – *Übergang vom Rückenmark zum Gehirn*

Schädel des *Hesperocyon* – Seitenansicht

Augenhöhle

Gaumendach

Hesperocyon-Schädel – Gaumenaufsicht

URALTER SCHÄDEL
Der Stammvater der Hundeartigen war *Hesperocyon*. Er lebte vor rund 30 Mio. Jahren und glich eher einem Marder als einem Hund.

DIE ERSTEN WÖLFE
Der ausgestorbene *Canis dirus* (= „Schreckenshund"; unten) lebte in der Eiszeit in Kalifornien. Er war wesentlich größer als heutige Wölfe und jagte Mammuts und andere große eiszeitliche Wildtiere.

Rekonstruktion eines *Canis dirus*.

In den Asphaltsümpfen von Rancho La Brea bei Los Angeles fand man viele Urtiere. Die Darstellung zeigt einen Säbelzahntiger und „Schreckenshunde" bei der Mammutjagd.

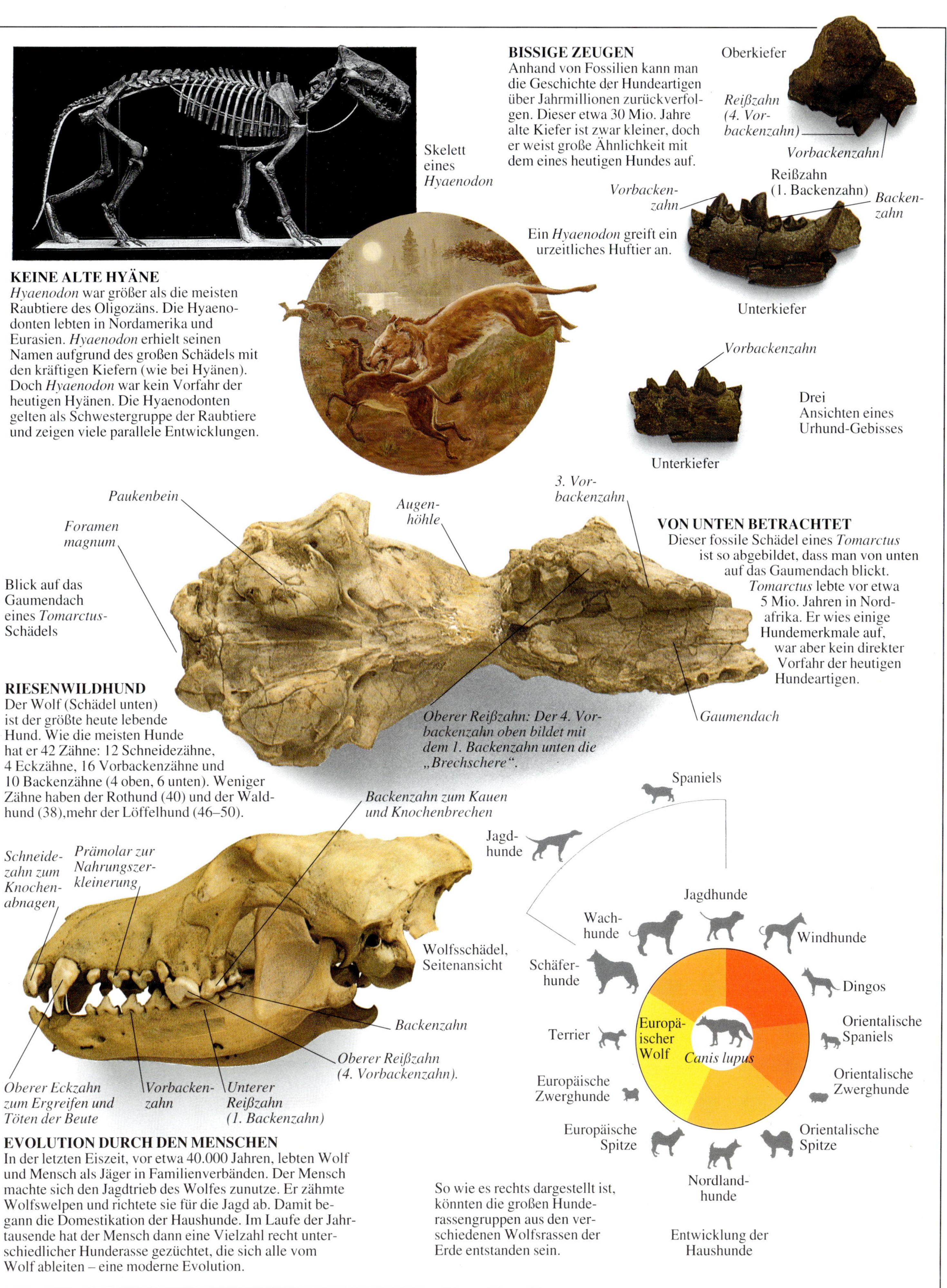

Skelett eines *Hyaenodon*

KEINE ALTE HYÄNE

Hyaenodon war größer als die meisten Raubtiere des Oligozäns. Die Hyaenodonten lebten in Nordamerika und Eurasien. *Hyaenodon* erhielt seinen Namen aufgrund des großen Schädels mit den kräftigen Kiefern (wie bei Hyänen). Doch *Hyaenodon* war kein Vorfahr der heutigen Hyänen. Die Hyaenodonten gelten als Schwestergruppe der Raubtiere und zeigen viele parallele Entwicklungen.

Ein *Hyaenodon* greift ein urzeitliches Huftier an.

BISSIGE ZEUGEN

Anhand von Fossilien kann man die Geschichte der Hundeartigen über Jahrmillionen zurückverfolgen. Dieser etwa 30 Mio. Jahre alte Kiefer ist zwar kleiner, doch er weist große Ähnlichkeit mit dem eines heutigen Hundes auf.

Blick auf das Gaumendach eines *Tomarctus*-Schädels

VON UNTEN BETRACHTET

Dieser fossile Schädel eines *Tomarctus* ist so abgebildet, dass man von unten auf das Gaumendach blickt. *Tomarctus* lebte vor etwa 5 Mio. Jahren in Nordafrika. Er wies einige Hundemerkmale auf, war aber kein direkter Vorfahr der heutigen Hundeartigen.

Oberer Reißzahn: Der 4. Vorbackenzahn oben bildet mit dem 1. Backenzahn unten die „Brechschere".

RIESENWILDHUND

Der Wolf (Schädel unten) ist der größte heute lebende Hund. Wie die meisten Hunde hat er 42 Zähne: 12 Schneidezähne, 4 Eckzähne, 16 Vorbackenzähne und 10 Backenzähne (4 oben, 6 unten). Weniger Zähne haben der Rothund (40) und der Waldhund (38),mehr der Löffelhund (46–50).

Wolfsschädel, Seitenansicht

EVOLUTION DURCH DEN MENSCHEN

In der letzten Eiszeit, vor etwa 40.000 Jahren, lebten Wolf und Mensch als Jäger in Familienverbänden. Der Mensch machte sich den Jagdtrieb des Wolfes zunutze. Er zähmte Wolfswelpen und richtete sie für die Jagd ab. Damit begann die Domestikation der Haushunde. Im Laufe der Jahrtausende hat der Mensch dann eine Vielzahl recht unterschiedlicher Hunderasse gezüchtet, die sich alle vom Wolf ableiten – eine moderne Evolution.

So wie es rechts dargestellt ist, könnten die großen Hunderassengruppen aus den verschiedenen Wolfsrassen der Erde entstanden sein.

Entwicklung der Haushunde

Hundeknochen

ARMER HUND
Der Hund dieser armen Frau macht umsonst Männchen. Sie hat weder Fleisch noch Knochen für ihn.

Wie alle Wirbeltiere haben auch Hunde ein Innenskelett, das den Körper stützt und als Widerlager für die Muskulatur dient. Die Schädelknochen schützen das Gehirn und die Sinnesorgane Zunge, Nase, Augen und Ohren. Das Rückgrat mit den Rippen hält die Eingeweide. Schulter- und Hüftgelenke ermöglichen die Beweglichkeit der Beine. Die Knochen sind miteinander und mit der Muskulatur durch Sehnen und Bänder verbunden. Gemeinsamkeiten und Unterschiede im Knochenbau werden vielfach benutzt, um Verwandtschaftsbeziehungen aufzuklären. So haben alle Hundeartigen eine lange Schädelform und große Zähne. Wie bei allen Raubtieren sind die oberen Eckzähne sehr stark ausgebildet und der erste Backenzahn unten bildet mit dem vierten Vorbackenzahn oben eine Brechschere zum Abreißen von Fleischbrocken. Die Beine der Hunde sind meist lang und an schnelles, ausdauerndes Laufen angepasst, wie es für Hetzjagden nötig ist.

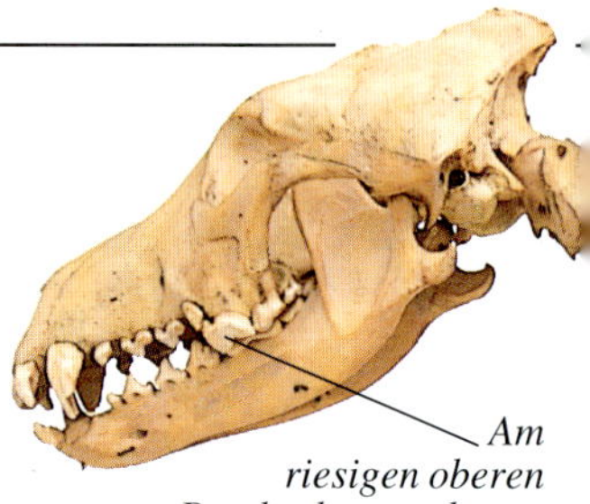

Am riesigen oberen Brechscherenzahn erkennt man den Wolf.

DER GRÖSSTE
Abgesehen von einigen riesigen Haushunden ist der Wolf (S.22–23) der größte Hund.

Alaska-Tundrawolf

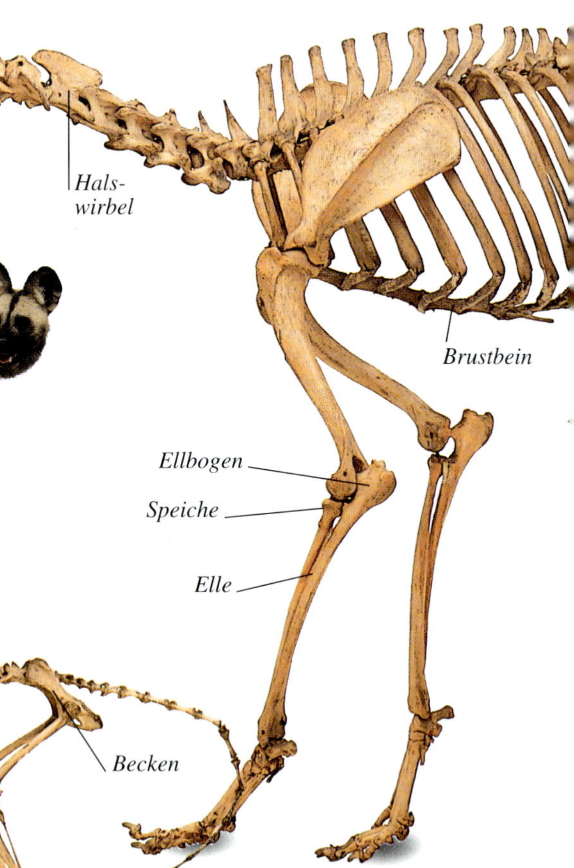

Halswirbel

Brustbein

AFRIKANISCHER JÄGER
Der Afrikanische Wildhund (S.26–27) hat besonders lange Beine. Er kann damit weit und ausdauern laufen.

Afrikanischer Wildhund

Ellbogen

Speiche

Elle

Skelett eines Afrikanischen Wildhundes

Rotfuchs

KLEINER ROTER
Die im Vergleich zum Wolf recht kurzen Beine des Rotfuchses eignen sich gut, um damit durchs Gebüsch zu schleichen.

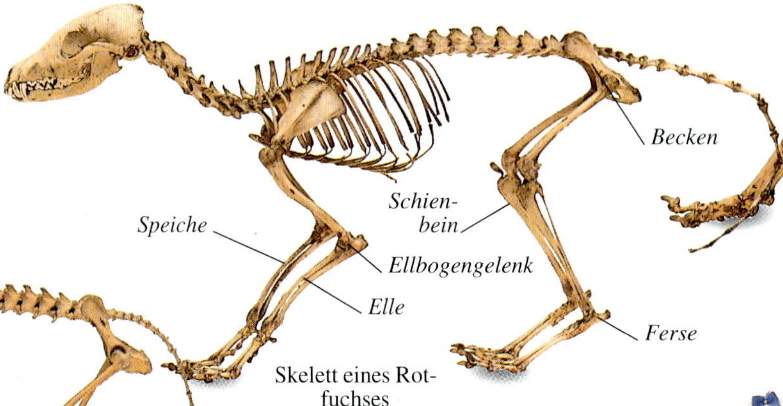

Becken

Schienbein

Speiche

Ellbogengelenk

Elle

Ferse

Skelett eines Rotfuchses

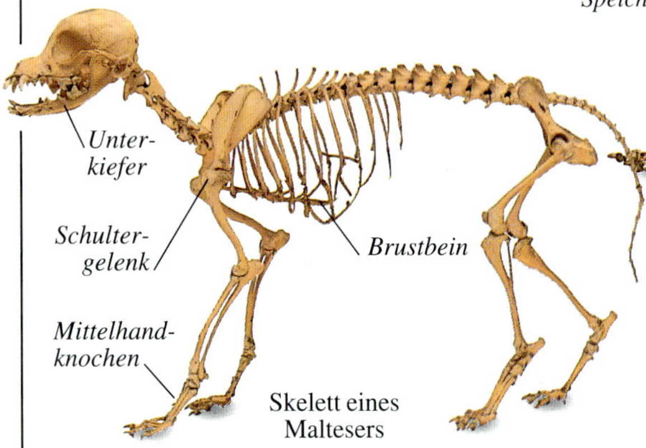

Unterkiefer

Schultergelenk

Brustbein

Mittelhandknochen

Skelett eines Maltesers

WATTEBAUSCH
Der kleine Malteser sieht einem Wolf gar nicht mehr ähnlich. Doch er besitzt ein „Miniaturwolfsskelett“.

Rundlicher Kopf

Der Hals ist kurz, hat aber auch sieben Wirbel.

Malteser

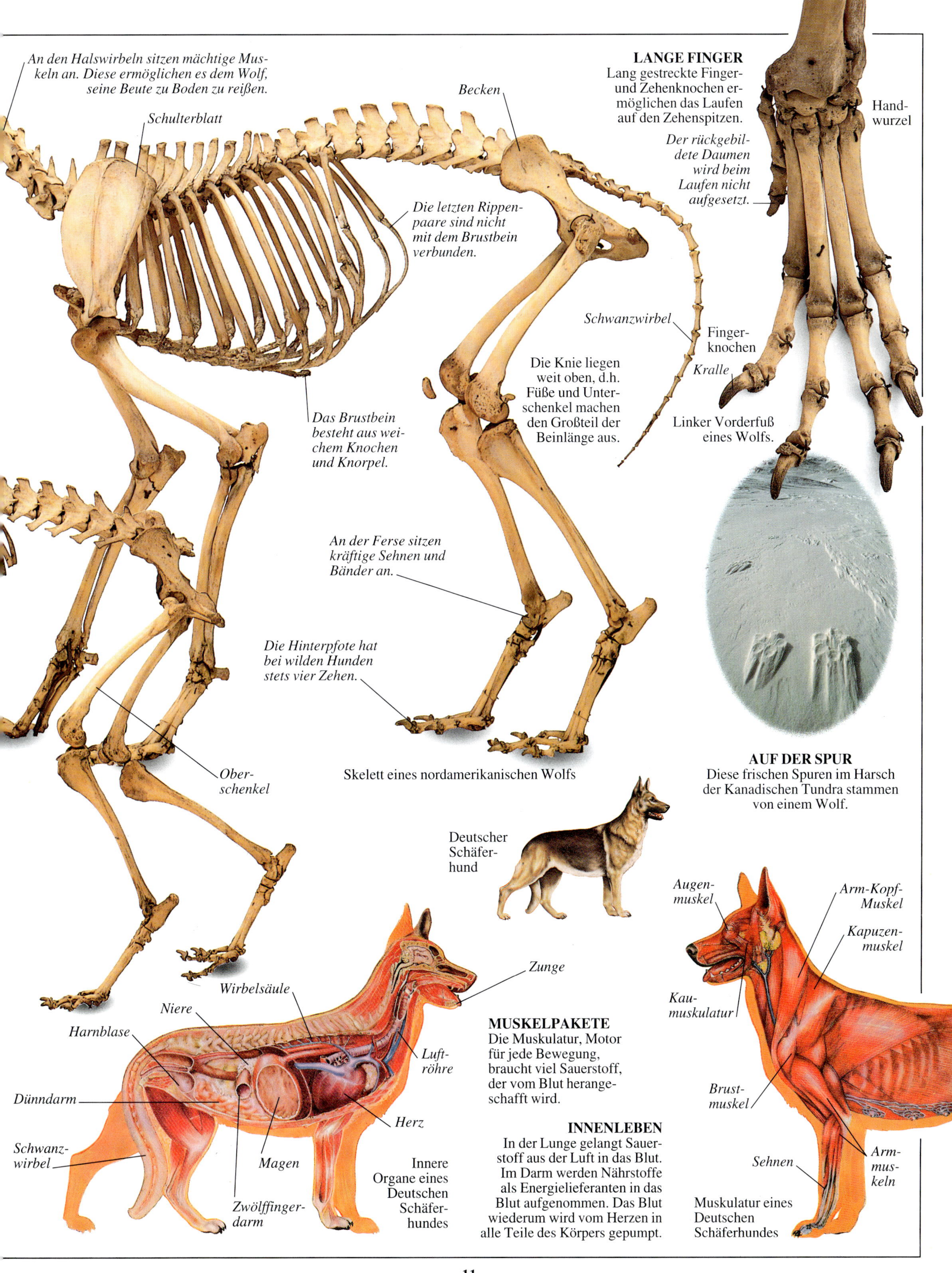

Skelett eines nordamerikanischen Wolfs

LANGE FINGER
Lang gestreckte Finger- und Zehenknochen ermöglichen das Laufen auf den Zehenspitzen.

Linker Vorderfuß eines Wolfs.

AUF DER SPUR
Diese frischen Spuren im Harsch der Kanadischen Tundra stammen von einem Wolf.

Deutscher Schäferhund

MUSKELPAKETE
Die Muskulatur, Motor für jede Bewegung, braucht viel Sauerstoff, der vom Blut herangeschafft wird.

INNENLEBEN
In der Lunge gelangt Sauerstoff aus der Luft in das Blut. Im Darm werden Nährstoffe als Energielieferanten in das Blut aufgenommen. Das Blut wiederum wird vom Herzen in alle Teile des Körpers gepumpt.

Innere Organe eines Deutschen Schäferhundes

Muskulatur eines Deutschen Schäferhundes

Fell und Profil

PELZMÄNTEL
Früher mussten die Menschen sich im Winter in Tierfelle hüllen, wenn sie nicht frieren wollten. Doch heute ist das nicht mehr nötig. Es gibt genug Natur- und Kunstfasern, aus denen wir Kleidung herstellen können, ohne dabei Tierarten an den Rand der Ausrottung zu bringen.

Bei den Hundeartigen gibt es große Unterschiede bezüglich der Länge und Farbe des Fells. In kalten Gebieten braucht ein Hund ein dichteres und dickeres Fell, das ihn warm hält, in heißen Ländern ist ein kürzeres Fell angebracht. Das Hundefell besteht aus zwei Haartypen: der meist einfarbigen Unterwolle und dem längeren, drahtigeren Deckhaar. Die Deckhaare oder Grannenhaare sind durch Hautfette Wasser abweisend und bestimmen die Farbe und Zeichnung des Fells. Die Fellfarben bestehen aus Abstufungen von Weiß, Schwarz und Braun. Alle Wildhunde haben lang gestreckte Schädel mit spitzen Ohren und einer langen Schnauze mit kräftigen Zähnen. Sie haben lange Ruten oder lange, buschige Luntenschwänze und oft weiße oder schwarze Schwanzspitzen. Der lange Schwanz dient oft als Balancierstange beim Laufen. Aufgerichtet ist er ein Signal für andere Rudelmitglieder. Besonders wichtig ist er als Stimmungsbarometer (freudiges Wedeln, ängstliches Einziehen). Nach oben stehende oder kurze Schwänze sind bei Haushunden angezüchtete Merkmale.

Die Schwänze vieler Haushunde, hier eines Australian Terriers (S.52–53) sind gestutzt (kupiert), damit sie nach oben stehen. Das Kupieren von Schwänzen ist in Deutschland sei 1998 verboten.

Der Graufuchs (S.28–29) hat ein charakteristisches weiches, graues Fell (links).

Der Schwanz des Rotfuchses (S.28–29) ist rot und buschig. Er endet stumpf und wird als Lunte bezeichnet.

Der Sandfuchs (S.30–31) hat ein feines, dichtes Fell (oben).

Beim Berner Sennenhund sind Körper und Schwanz lang und warm behaart.

Der Afrikanische Wildhund (S.26–27) hat ein kurzes Fell (oben).

Dackel (S.48–49) gibt es als langhaarige Zuchtform oder als rauhaarige (ganz rechts).

Drahtiges Fell eines Rauhaardackels

Beim Dalmatiner (S.54–55) ist sogar der Schwanz gepunktet.

Der lang behaarte Schwanz des Riesenschnauzers ist kupiert (kurz geschnitten).

HAARAUSFALL
Die meisten Hunde wechseln ihr Fell im Frühling und im Herbst, sodass sie im Sommer ein dünneres Sommerfell und im Winter ein wärmendes Winterfell haben.

Japanischer Spaniel, Seitenansicht

HUNDEAHN
Wölfe haben eine lange Schnauze.

JAPAN-TSCHIN
Auch dieser kleine Japanische Spaniel mit seinem rundlichen Kopf und kurzen, nach oben gekrümmten Kiefern stammt vom Wolf ab.

Alaska-Tundrawolf

Aufsicht auf das Gaumendach eines Japan-Tschin

SPÜRHUND
Der Bluthund hat einen geraden Kopf ohne hervortretende Schnauze. Mit seiner guten Nase ist er ein hervorragender Spürhund.

Löffelhund-Schädel, Gaumenaufsicht

Bluthund

MEHR ZÄHNE
Der Löffelhund hat kleinere und mehr Zähne als die anderen Hunde (4–8 mehr als die üblichen 42). Trotzdem hat er einen Hundekopf.

Foxterrier

GERADE SCHNAUZE
Der Foxterrier hat einen langen, flachen Schädel ohne deutlichen Knick zwischen Stirn und Schnauze.

Pekinese

PEKINESE
Hängeohren und eine extrem platt gedrückte Schnauze charakterisieren diese jahrtausendealte chinesische Rasse.

Löffelhund, Seitenansicht

Augen und Ohren

Wie beim Wolf so sind auch bei allen Haushunden die Sinnesorgane an ein Leben als Rudeltier und Hetzjäger angepasst. Doch bei den einzelnen Haushundrassen hat der Mensch durch Zuchtwahl und Kreuzung von Hunden mit ganz bestimmten Eigenschaften manche Sinne noch besonders hochgezüchtet. So wählte man z. B. bei den Windhunden immer die Welpen mit den besten Augen für die weitere Zucht aus, sodass heute alle Windhunde besser sehen als ein Wolf und sich im Gegensatz zu den anderen Hunden bei der Jagd hauptsächlich auf die Augen verlassen. Ein Unterschied aller Haushunde zum Wolf ist, dass die Augen bei praktisch allen Rassen weiter vorn stehen als beim Wolf. Wölfe und Haushunde hören zwar gut, aber bei weitem nicht so gut wie Füchse. Denn Füchse jagen nachts, und wo man nicht viel sehen kann, muss man umso mehr hören.

AUFS JAGDHORN
Jagdhunde hören nicht nur aufs Wort, sondern auch auf Jagdhornsignale.

HUNDEPFEIFE
Hunde hören die hohen Töne einer Hundepfeife, die wir Menschen meist nicht wahrnehmen können.

OHREN GESPITZT
Der Hund dreht die aufgestellten Ohren in alle Richtungen, um eine Geräuschquelle anzupeilen.

Das dichte Fell wärmt den Fennek in den kalten Wüstennächten.

WÜSTENFUCHS
Der Fennek ist der kleinste Fuchs. Er jagt bei Nacht in der Sahara und in der arabischen Wüste kleine Tiere jeder Art. Sein Fell schützt vor der Hitze des Tages und der Kälte der Nacht.

Die riesigen Ohren dienen der Abkühlung und fangen gleichzeitig wie eine Parabolantenne die leisesten Geräusche ein.

Das helle Fell reflektiert die Sonnenstrahlen am Tag – wie helle Sommerkleidung.

Am Bauch ist das Fell wie bei fast allen Raubtieren heller als am übrigen Körper.

Ohrmuschel

Ohrmuskel

Pelzige äußere Ohrmuschel

Gehirn

Gehörgang

Gehörknöchelchen

Drüsen

Paukenhöhle

GANZ OHR
Alle wilden Hunde haben stehende Ohren, mit denen sie Geräuschquellen orten können.

RUSSISCHER WINDHUND
Der Barsoi (S.46–47) wurde wegen seiner guten Augen in Arabien als Jagdhund gehalten. In Russland setzte man ihn später bei der Wolfsjagd ein.

Die großen Augen sind nach vorn gerichtet. Dadurch kann der Barsoi wahrscheinlich räumlich sehen wie wir.

AUGE IN AUGE
Der Hund besitzt ein „drittes Augenlid“, die Nickhaut, die den Augapfel vor Staub und Schmutz schützt.

Windhunde tragen bei Rennen meist einen Maulkorb (S.46–47).

SCHAKALKÖPFIGER MUMIENGOTT
Der Gott Anubis „überwachte“ im alten Ägypten das Einbalsamieren und wog die Herzen der Toten aus.

Windhunde haben einen spitzen „Fang“ (= Maul).

SCHNELL WIE DER WIND
Dieser Große Englische Windhund wartet auf den Startschuss zum Hunderennen. Beim Rennen verfolgt er eine Hasenattrappe, als sei sie ein lebendiger Hase, den es zu jagen gilt.

FUCHS MIT PFERDEMÄHNE
Der Mähnenwolf lebt in den Savannen Südamerikas. Mit seinen großen Ohren nimmt er das leiseste Geräusch im langen Gras wahr.

AUF DER JAGD
Dieses Rudel Afrikanischer Wildhunde jagt eine Antilope. Mit ihren Augen verfolgen sie jede Regung der Beute. Mit den Ohren hören sie die Verständigungslaute ihrer Artgenossen und andere Räuber, die ihnen die Beute streitig machen wollen.

WACHHUND
Dieser Hund – eine antike römische Statue – schaut und lauscht, ob keine Einbrecher kommen.

Spürhunde

Bei allen Hundeartigen ist der Geruchssinn wesentlich besser ausgeprägt als beim Menschen. Sie leben in einer Riechwelt und nicht, wie wir, in einer Bilderwelt. Während der Mensch als „Augentier" die Gegenstände in einem Raum anhand ihres Aussehens erkennt und in Erinnerung behält, erinnert sich der Hund eher an unterschiedliche Gerüche. Er ist ein „Nasentier". Bei allen wilden Hunden, beim Wolf ebenso wie bei den Füchsen, ist der Geruchssinn der am höchsten entwickelte Sinn und dient hauptsächlich zur Orientierung bei der Jagd und zum Erkennen von Reviergrenzen. Ein Hund kann am Geruch eines anderen Tieres erkennen, ob es Angst hat oder sich freut. In der langen Hundeschnauze befinden sich dünnwandige, gekammerte Knochenhöhlen, deren Kammern mit empfindlichen Riechepithelien überzogen sind. Bei den Haushundrassen hat der Mensch bestimmte Sinnesorgane bevorzugt herausgezüchtet. So können Spür- oder Schweißhunde („Schweiß" nennt der Jäger das aus der Wunde eines angeschossenen Tieres austretende Blut) wie der Bluthund die feinste Geruchsspur verfolgen, sind aber recht kurzsichtig.

VORSTEHHUND
Der Pointer schnuppert am Boden entlang und zeigt mit seiner Schnauze auf das aufgespürte Wild (S.50–51).

WER BIST DU?
Der Duft der Analdrüse direkt unter dem Schwanz ist eine Art Visitenkarte.

Saluki

Dalmatiner

Hunde mit Hängeohren können nicht so gut hören wie solche mit Stehohren.

TRÜFFELJAGD
Trüffeln sind unterirdisch wachsende Pilze, die als Delikatesse gelten. In Frankreich richtet man Hunde dazu ab, sie mit ihrer feinen Nase aufzuspüren.

Mit der Nase am Boden verfolgt der Hund eine Duftspur.

FETTE BEUTE
Normalerweise greift ein Fuchs kein Schaf an; doch wenn das Tier im Sterben liegt, ist es eine leichte Beute.

RIECHORGAN
Die Oberfläche der Nasenhöhle wird durch dünne Knochenlamellen (Turbinalia) vergrößert. Sie tragen das Riechepithel mit empfindlichen Sinneszellen, die ihre Informationen über den Riechnerv zum Riechhirn senden.

ZWERGDACKELNASE
Wie alle Hunde hat dieser kleine Dackel eine lederartige Nase mit zwei Nasenlöchern, durch die die Duftstoffe eingesogen werden.

Mit seinem guten Geruchssinn findet der Löffelhund schnell Nahrung.

LÖFFELHUND
Der Löffelhund ernährt sich von kleinen Tieren und Früchten. Mit seiner feinen Nase erschnüffelt er sogar Beute unter der Erde.

Muskulöse Schenkel und kräftige Läufe: Kennzeichen eines ausdauernden Jagdhunds

BEAGLE
Schweißhunde wie dieser Beagle besitzen besonders feine Nasen. Die Ohren dagegen sind nicht so gut wie z.B. beim Deutschen Schäferhund. Aufgrund ihrer feinen Nase können diese Spürhunde Kleinwild wie Hasen, Fasane oder Wachteln verfolgen. Sie lassen sich dabei nicht von Geräuschen ablenken.

Auf der Jagd ...

... erlebt man manchmal ...

... Überraschungen.

ENGLISCHER SETTER
Wie der Pointer ist der Setter ein Vorstehhund, der Wildfährten verfolgt und anzeigt, wo das Wild steht, ohne Laut zu geben.

Verhalten

Angelegte Ohren sind ein Zeichen der Angst – oder versteckter Angriffslust.

Nach dem Jagdverhalten unterscheidet man bei den Hunden zwei Gruppen: die Einzeljäger und die Rudeljäger. Die Einzeljäger – die Füchse und die südamerikanischen Wildhunde (S.28–33) – leben außerhalb der Paarungszeit allein. Wölfe, Schakale, Kojoten, Afrikanische Wildhunde, die Rothunde aus Asien und der Haushund als Abkömmling des Wolfes gehören zu den Rudeljägern. Das Rudel ist eine große Familie, in der die älteren und stärkeren Tiere den Ton angeben. Die Jungtiere müssen sich unterordnen, bis sie stark genug sind, um im Rudel aufzusteigen oder selbst ein neues Rudel zu gründen. In einem Rudel kennt jedes Tier die Rangordnung, es weiß genau, wer ihm über- und unterlegen ist. Um den Rang im Rudel zu behaupten oder zu verbessern, werden Kämpfe ausgetragen. Doch obwohl es sich z.B. bei Wölfen um Raubtiere handelt, die andere Tiere mit Leichtigkeit töten können, gibt es bei den Rangordnungskämpfen selten Tote. Verletzte Tiere werden sogar von den anderen gefüttert.

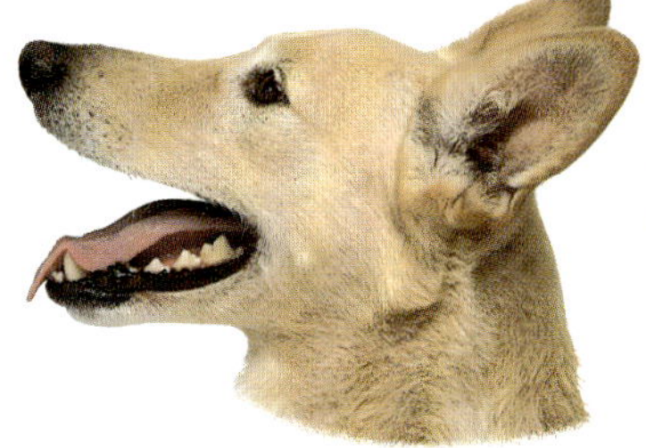

Mit aufgestellten Ohren und lachendem Gesicht zeigt der Hund seine gute Laune.

Hundemischling

BESCHNUPPERN
Der starke, überlegene Wolf links begrüßt den schwächeren Rudelgenossen rechts.

Angelegte Ohren zeigen Angst oder Aggression.

Der eingezogene Schwanz: eine unterwürfige Haltung

Das fest geschlossene Maul zeigt Anspannung.

Deutscher Schäferhund

KÖRPERSPRACHE
Mit Mimik und Gestik können Hunde alles zum Ausdruck bringen, was sie einander zu sagen haben.

DREI FREUNDE
Dieses Bild von John Charlton (1849–1917) zeigt drei Hunde unbestimmbarer Rasse beim gemeinsamen Spiel im Schnee.

Die geduckte Haltung verrät Sprungbereitschaft.

Die gespitzten Ohren verraten den aufmerksamen Fuchs.

Graufuchs (Baumfuchs)

Einzeljäger

Füchse wie dieser amerikanische Graufuchs jagen und töten ihre Beute allein. Deshalb zeigen sie keine derart komplizierten sozialen Verhaltensformen wie Rudeljäger. Ein Fuchs kann nicht so aussagekräftig mit dem Schwanz wedeln und auch seine Ohren sind nicht so beweglich wie die eines Wolfs. Doch ein Fuchs, der Angst hat, hockt sich hin und macht sich klein, und ein zorniger Fuchs richtet sich zu voller Größe auf, um gefährlicher zu erscheinen.

Rudeljäger

Der Afrikanische Wildhund und andere Rudeljäger müssen nicht nur genug Fleisch für die ganze Familie erjagen, sie müssen es auch gegen andere Räuber wie Großkatzen oder Hyänen verteidigen. Doch ihr größter Nahrungskonkurrent und ihr größter Feind ist und war der Mensch. Den Wolf hat der Mensch in weiten Teilen Europas und Asiens ausgerottet und auch der Afrikanische und der Asiatische Wildhund sind vom Aussterben bedroht. Nur die kleineren und anpassungsfähigeren Arten wie Schakale und Kojoten sind noch nicht gefährdet.

Rangordnungskampf zwischen zwei Wölfen

MIT DEN WÖLFEN HEULEN
Wie seine Wolfsvorfahren versucht dieser Pointer sich durch Heulen mit Artgenossen zu verständigen. Manche Hunde heulen auch, wenn sie eine bestimmte Musik hören oder wenn sie die Nacht bei Vollmond im Freien verbringen.

KLEINER CHEF
Dieser Norfolk-Terrier ist zwar kleiner als der Dalmatiner, doch er hat die stärkere Persönlichkeit und zeigt, dass er der Boss ist.

Der Dalmatiner wendet den Kopf ab, ein Zeichen der Angst.

Die sichere Haltung des Terriers zeigt, dass er sich überlegen fühlt.

Dalmatiner

Norfolk–Terrier

KAMPF UMS ESSEN
Afrikanische Wildhunde fressen von ihrer Beute so viel wie möglich auf einmal. Sie würgen einen Teil davon für die Jungen und andere Rudelmitglieder aus, die sich um diese vorverdaute Nahrung reißen.

Pointer

HUNDE SIND AUCH NUR MENSCHEN
Diese Karikatur von J.J. Granville (1859) nimmt ähnliches Verhalten bei Mensch und Hund aufs Korn.

Welpen

Die Neugeborenen aller Hundearten gleichen einander sehr. Sie sind klein, hilflos und blind, sie besitzen ein kurzes Fell, kurze Beine und einen kurzen Schwanz. Ein Wurf kann zwei bis zwölf Welpen umfassen. Sie werden – wie alle Säugetiere – von ihrer Mutter mit Milch gesäugt. Nach einigen Tagen (bei Haushunden sind es etwa neun) öffnen die Kleinen die Augen, sie beginnen Geräusche wahrzunehmen und bald brauchen sie festere Nahrung. Auch für die feste Nahrung sorgt die Mutter – bei Rudeltieren meist die ganze Großfamilie. Die Alttiere würgen für die Welpen Fleisch aus, das sie kurz vorher gefressen haben. Eine Hundemutter, die vor ihren Kindern würgt, ist also nicht krank, sondern sie versorgt die Jungen mit Babynahrung. In freier Natur bringen Hundemütter ihre Jungen in einer Höhle, einem Erdbau oder einer geschützten Bodenmulde zur Welt. Auch Haushunde brauchen einen warmen, dunklen Platz zum Gebären – um die 63 Tage nach der Paarung.

HASENBRATEN
Diese Fuchsmutter bringt ihren Jungen, die schon aus ihrem Bau schauen, ein Kaninchen.

Vier Wochen alte Deutsche Doggenwelpen ...

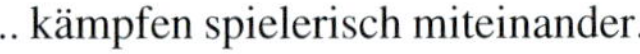

... kämpfen spielerisch miteinander.

SPIELEND LERNEN
Alle Welpen brauchen Platz zum Spielen. Sie brauchen Bewegung, um zu gedeihen – und sie müssen soziale Verhaltensweisen einüben – gegenüber anderen Hunden und gegenüber dem Menschen. Diese vier Wochen alten Deutschen Doggenwelpen üben sich im Umgang miteinander.

Einer versucht die Oberhand zu gewinnen.

Sie vertragen sich wieder.

KLEINE RIESEN
Die Welpen einer Deutschen Dogge (oben und rechts) stellen die gleichen Ansprüche wie Pekinesen- oder Wolfswelpen. Doch wenn sie größer werden, brauchen so riesige Hunde viel gutes Fleisch, dazu Kalzium, Vitamine und große Knochen zum Kauen (S.62–63). Sie benötigen viel Platz, um sich auszutoben und ihren Körper zu trainieren.

Sechs Wochen alte Deutsche Doggenwelpen

SÄUGENDE MUTTER
Diese Wölfin säugt ihre Jungen. Doch wenn die Wolfswelpen mit einigen Wochen ihre ersten Milchzähne bekommen und die Mutter kneifen, werden sie entwöhnt und mit ausgewürgtem Fleisch gefüttert.

Schwangere Hündin (Bronzestatuette aus Griechenland 5.Jh.v.Chr.)

Viereinhalbmonatiger Labradorwelpe

Sechs Monate alter Dalmatiner

HUNDESCHULE
Diese beiden Afrikanischen Wildhundwelpen lernen wie andere Hunde im Spiel, wie sie sich später verhalten müssen. Die Hetzjagd kann nur erfolgreich sein, wenn das Verhalten geübt und abgestimmt ist.

RANGELEI
Diese beiden Welpen balgen sich. Der etwas ältere Dalmatiner ist dem Labrador überlegen. In wenigen Monaten aber könnte das Spiel der Halbwüchsigen zu einem ernsthaften Machtkampf werden.

WOLFSAMME
Der Sage nach wurde Rom 753 v.Chr. von den Zwillingen Romulus und Remus gegründet, die als Säuglinge von einer Wölfin aufgezogen worden waren.

KINDERTRANSPORT
Bei allen Hundearten tragen die Mütter – manchmal auch die Väter – die Jungen bei Gefahr an einen sicheren Ort. Dazu packen sie die Welpen mit den Zähnen vorsichtig an einer Hautfalte im Genick.

Leitwolf

LEITWOLF VORAN
Dieses Wolfsrudel folgt seinem Leitwolf auf der Suche nach Beute durch den Wald. Europäische Wölfe jagen, was sie finden, vom Elch bis zur Maus. Wenn Nahrung knapp ist, fressen sie auch Insekten und Beeren. Wölfe durchstreifen große Reviere von bis zu 1000 Quadratkilometern. Die Rudel können bis zu 20 Tiere stark sein.

Neben den Wölfen sind drei Raubtierarten durch die Bildung von Jagdgemeinschaften zu erfolgreichen Großwildjägern geworden und können größere Tiere erlegen, als es ein einzelnes Rudeltier könnte: Löwen, Hyänen und Wildhunde. Für die erfolgreiche Gruppenjagd sind die Zusammenarbeit der Rudelmitglieder und ganz bestimmte Taktiken notwendig, sodass sich das Jagdverhalten der Rudeljäger ähnelt. Auch die Jagdstrategien der frühen Menschen müssen ähnlich gewesen sein. Die Jagdreviere werden gegenüber fremden Rudeln abgegrenzt. Das Wolfsgeheul ist eine Art der Reviermarkierung. Im Wolfsrudel selbst gibt es eine strenge Rangordnung. Wer dagegen verstößt, riskiert ausgestoßen zu werden. Es paaren sich immer nur die ranghöchste Wölfin und der ranghöchste Wolf. Nach der Geburt der Jungen versorgt der Vater die Mutter mit Fleisch. Diese säugt die Welpen etwa zehn Wochen lang, dann füttern Mutter und jüngere Rudelmitglieder sie mit ausgewürgtem Fleisch, bis sie alt genug sind, um mit dem Rudel zu jagen. Anfangs machen die Kleinen, was sie wollen, und das Rudel toleriert ihr Verhalten. Doch mit zunehmendem Alter werden sie in ihre Schranken gewiesen.

Mit gespitzten Ohren lauscht der Wolf nach Feinden oder Beute.

Mit den spitzen Zähnen kann der Wolf die Beute schnell töten.

IN EIS UND SCHNEE
Im Norden Kanadas haben die Wölfe im Winter, wie die meisten Tiere dort, ein weißes Winterfell, das sie in Eis und Schnee tarnt. Im Sommer können die Wölfe grau oder oft auch schwarz sein. Die Ohren sind – typisch für Tiere kalter Gebiete – kurz, der Schwanz ist kurz und buschig. Einzelne Wölfe können sich längere Zeit von Kleintieren (Lemmingen, Hasen, Vögeln) ernähren; fortpflanzen können sie sich nur, wenn das Rudel größere Tiere, etwa Moschusochsen oder Karibus, erlegt.

EUROPÄISCHER WOLF
Früher gab es überall in Europa Wölfe, doch sie wurden von Bauern und Jägern über Jahrhunderte hinweg verfolgt und getötet. Heute findet man Wölfe in Europa nur noch in wenigen abgelegenen Gegenden in Süd- und Osteuropa.

ROTKÄPPCHEN
Als es noch Wölfe in unseren Wäldern gab, erzählten die Mütter ihren Kindern das Märchen vom Rotkäppchen, weil die Kinder nicht alleine in den Wald gehen sollten.

ROTE RARITÄT
Der Rotwolf, die kleinste Unterart des Wolfs, kommt im warmen Südosten der USA vor. Nachdem er in freier Wildbahn ausgerottet war, hat man 1988 in North Carolina in Zoos gezüchtete Tiere angesiedelt.

WER IST STÄRKER?
Wölfe geraten schnell aneinander. Doch bei ihren Rangordnungskämpfen gibt es nur selten Tote, wohl aber häufig Verletzte.

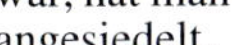

TAPFERER WOLF
In den Sagen der Nootkaindianer aus dem Nordwesten Amerikas wurden junge Krieger oft von Wölfen verschleppt. Diese Keule aus Seeohrschalen, Knochen und Menschenhaar ist ein Zeichen für die Kraft und Macht, die die Krieger während ihrer Gefangenschaft annahmen. Sie trägt an einem Ende einen Wolfskopf.

WERWOLF
Ein Werwolf ist ein Mensch, der sich angeblich in einen Wolf verwandeln kann. Solche Schauergeschichten, die eine lange Tradition haben, fanden in vielen Filmen ihren Niederschlag.

Als Langstreckenläufer benötigt der Wolf lange, kräftige Beine.

JAGD
Ein Wolfsrudel jagt Moschusochsen auf der arktischen Ellesmere–Insel (bei Grönland).

Der abwärts gerichtete Schwanz zeigt, dass dieser Wolf aufmerksam beobachtet.

Schakale und Kojoten

Auf dieser Kalksteinstele (um 550 v.Chr.) kniet ein Ägypter vor einem göttlichen Schakal. Weitere 63 Schakale sind abgebildet.

Auch die Kojoten Nordamerikas und die afrikanischen Schakale können wie der Wolf Rudel bilden, sie besitzen allerdings kein so komplexes Sozialverhalten und jagen auch keine Tiere, die größer als sie selbst sind. Bei den Schakalen unterscheidet man vier Arten. Am weitesten verbreitet ist der Goldschakal. Er lebt außer in Afrika auch in Südosteuropa und Südasien. Den Streifenschakal und den Schabrackenschakal findet man in Afrika südlich der Sahara. Die vierte Schakalart, der Abessinische Fuchs, lebt nur im Hochland Äthiopiens (Ostafrika). Er ist heute vom Aussterben bedroht (S.12–13).

Die Schakale und der Kojote leben in engen Familienverbänden. Sie jagen nicht nur selbst, sondern ernähren sich auch von Aas. Dabei verschmähen sie selbst verwesendes Fleisch nicht und verjagen oft andere Raubtiere von ihrer Beute. Wenn ein Wurf Junge zur Welt kommt, kümmert sich die ganze Familie um deren Aufzucht.

GRAUSIGES GESICHT
Die Tolteken (Mexiko) verehrten den Schlangengott Quetzalcoatl, der hier einen Kojoten-Kopfschmuck trägt. Diese Figur (9.Jh.n.Chr.) aus Perlmutt und Holz fand man in den Ruinen des Palastes von Tula.

BIS DASS DER TOD EUCH SCHEIDET
Dieses Goldschakalpaar bleibt ein ganzes Leben lang zusammen. Die beiden jagen und ziehen die Jungen gemeinsam auf. Sie schreiten zusammen ihre Reviergrenzen ab, markieren sie mit Urin und verteidigen sie gegen fremde Schakale.

MIT SATTELDECKE
Der Schabrackenschakal ist auffällig gefärbt. Es sieht aus, als sei seinem rostroten Fell eine schwarzsilberne Satteldecke (Schabracke) aufgelegt.

Diese Hundemumie aus Ägypten (zwischen 600 und 300 v.Chr.) ist ein Abbild des Schakalgottes Anubis.

FAMILIENTIER KOJOTE
Dieser Kojote (Präriewolf), der nächste Verwandte des Wolfes, lebt und jagt paarweise und in Familiengruppen zusammen. Er kommt in Nordamerika vor. Sein Name leitet sich vom aztekischen Wort *coyotl* ab.

COYDOG
Kojoten können sich mit Haushunden paaren. Die Nachkommen nennt man „Coydogs" (von engl. Coyote und Dog = Hund). Diese halbwilden Kojotenhunde können unter Haustieren großen Schaden anrichten.

SCHAKALWALZER
Was hier aussieht wie ein Tanz, ist ein Umsehen nach Beute.

HUNDETANZ
Die nordamerikanischen Indianer schätzten Hunde wegen ihres Fleisches und als „Zugpferde" (S.56–57). Dieses Gemälde des Schweizers Karl Bodmer (1809–1893) zeigt einen Medizinmann der Hidatsa, der in einem besonderen Kostüm einen „Hundetanz" aufführt. Die Hidatsa lebten am Missouri in Nord-Dakota (USA).

Kleinerer Kopf als beim Wolf, flache Stirn, relativ kleine Zähne

Die Fellfarbe des Goldschakals variiert je nach Verbreitung und Jahreszeit von Goldbraun über Ocker bis Grau.

ÄTHIOPISCHER HEULER
Der Abessinische Fuchs gleicht in Aussehen und Verhalten eher einem Schakal als einem Fuchs. Heute ist er vom Aussterben bedroht, weil seine Heimat, die Hochlandsteppe, zunehmend als Viehweide genutzt wird. Es soll nur noch etwa 500 Tiere geben.

ANUBIS
Der Schakalgott Anubis wurde im alten Ägypten häufig dargestellt.

Asiaten und Afrikaner

AUS DEM TIEFEN SÜDEN
Die südlichste Fuchsart ist der Kapfuchs (Südafrika). Er besitzt einen silbergrauen Pelz, lebt in Trockensteppen und jagt in der Dämmerung und – wie alle echten Füchse – allein.

In Afrika und Asien gibt es neben den Schakalen (S.24–25), die in beiden Erdteilen leben, und dem Wolf (S.22–23), der in Asien, nicht aber in Afrika vorkommt, eine ganze Reihe wilder Hundearten. So kommt in Afrika der Afrikanische Wildhund (S.6–7) vor und der Löffelhund (S.17), der mehr Zähne als alle anderen Hunde besitzt. In Indien und Südostasien lebt der Rothund. Aus Ostasien stammt der Marderhund. Diese Arten sind alle Rudeljäger, während Füchse (S.28–29) wie der Tibetfuchs aus dem Himalaja und der Bengalfuchs aus Indien Einzelgänger sind und allein Nager und andere kleine Tiere jagen (S.18–19). Jeder Wildhund besetzt eine „ökologische Nische“, d.h. er hat seinen ganz bestimmten Platz als Räuber in seinem Lebensraum. Er steht nicht nur in einer Räuber-Beute-Beziehung mit bestimmten Tierarten, sondern auch in Konkurrenz zu anderen Räubern, denen gegenüber er sich behaupten muss.

JAGDGESELLSCHAFT
Der Afrikanische Wildhund durchstreift als typischer Rudeljäger die afrikanischen Savannen. Die Rudelmitglieder verständigen sich mit einer komplizierten Laut- und Zeichensprache. Durch seine Fellzeichnung erinnert der Wildhund an eine Hyäne. Er ist aber nahe mit den Wölfen und Schakalen verwandt. Diese Art ist sehr anfällig für Krankheiten und Parasiten, doch auch hungrige Löwen und vor allem Menschen mit Gewehren werden den Wildhunden gefährlich.

Afrikanischer Wildhund

ZAHNREICH
Der Löffelhund (S.16–17) besitzt 46–50 Zähne, andere Hundeartige nur 42. Er ernährt sich vorwiegend von Insekten, frisst aber auch Früchte.

ZAUBERHUND
In diese doppelköpfige Konde aus Bakongo in Zaire trieb man Nägel, um die heilenden Kräfte im Inneren zu aktivieren.

INDER ODER CHINESE

Der Rothund (Asiatischer Wildhund) ist ein Rudeljäger und zeigt im Aufbau des Gebisses Ähnlichkeiten mit dem Afrikanischen Wildhund, doch äußerlich sieht er ihm kaum ähnlich. Beide Arten kreuzen sich nicht mit Haushunden. Rothunde aus Indien sind in der Regel heller und kurzhaariger als Rothunde aus China.

Indischer Rothund

Chinesischer Rothund

AUF DEM DACH DER WELT

Der Tibetfuchs lebt in den kalten Hochebenen Tibets, in Höhen über 4000 m. Sein dicker Pelz hält ihn warm. Mit seiner schlanken Schnauze zieht er kleine Nager aus ihren Gängen.

Marderhund im Sommerfell

MARDER, HUND ODER WASCHBÄR?

Der Marderhund erinnert an einen Waschbären. Doch mit seiner kurzbeinigen Statur gleicht er den ersten Hunden, die vor Jahrmillionen die Welt eroberten. Wegen seines dicken, weichen Fells wird er als „Ussurischer Waschbär" in Pelzfarmen gezüchtet. In Russland entkamen vor einigen Jahren Marderhunde aus solchen Farmen. Die verwilderten Tiere breiten sich nach Westen aus und wurden schon bei uns beobachtet.

KLEINER INDER

Der Bengalfuchs gleicht einem kleinen Rotfuchs. Er lebt in den Buschsteppen Indiens und ernährt sich von Nagern, Eidechsen und anderen kleinen Tieren.

Marderhund im dunklen Sommerfell

Echte Waschbären (unten) gehören zu den Kleinbären.

Füchse

Alle Füchse leben und jagen allein (S.18–19) – außer in der Paarungszeit. Ihr Körper ist lang gestreckt, der Schwanz ist lang, stumpf und buschig und heißt in der Jägersprache „Lunte". Charakteristisch ist das „Fuchsgesicht". Die Sinne sind bei den Füchsen hoch entwickelt (S.14–15), die stehenden Ohren sind groß. Füchse jagen Kaninchen, Mäuse und andere Nager. Am bekanntesten und am weitesten verbreitet ist der Rotfuchs, der als „Meister Reinecke", der schlaue Fuchs, Hauptfigur vieler Märchen und Fabeln ist. Er ist sehr anpassungsfähig und man findet ihn daher in Wüsten, Wäldern, Gebirgen und sogar Städten. Abgesehen vom Rotfuchs gibt es neun weitere Arten aus der Gattung der Echten Füchse (*Vulpes*). Der Graufuchs aus Nord- und Mittelamerika gehört einer eigenen Gattung (*Urocyon*) an. Er zeigt ein ganz anderes Verhalten als der Rotfuchs und klettert gern auf Bäume, was ihm den Beinamen „Baumfuchs" eintrug.

WARTEN AUFS ESSEN
Fuchswelpen bleiben einige Monate bei ihrer Mutter, bis sie sie verlassen und sich ihre eigenen Reviere suchen müssen.

DER QUACKFROSCH
In einer Fabel von Äsop (620–560 v.Chr.) gibt sich der Frosch als studierter Arzt aus. Der Fuchs aber fragt ihn, warum er als gelehrter Mediziner nicht seine eigene seltsame Gangart und seine runzelige Haut heile.

DEM FUCHS AUF DER SPUR
Die Spuren eines Fuchses sind kleiner als die der meisten anderen Hundeartigen. Die Ballenabdrücke sind länglich, die Krallen sehr spitz.

Die Fellfarbe variiert von Grau über Rostrot bis zu Feuerrot.

EIN SCHÖNER PELZMANTEL
Das Fell des Rotfuchses ist so schön, dass es schon seit Jahrtausenden als Pelz für Menschenkleidung herhalten muss. Man züchtet sogar Füchse mit den verschiedensten Fellfarben, um ihnen dann eines Tages das Fell über die Ohren zu ziehen – für Tierschützer ein Skandal.

Die Lunte hat eine weiße Spitze (Birkfuchs) oder eine schwarze (Brandfuchs).

HOCH HINAUS

Der Graufuchs lebt in den USA (mit Ausnahme der Rocky Mountains und des Nordwestens) und in Mittel- und Südamerika. Er ist kleiner als ein Rotfuchs. Sein Fell ist oberseits grau. Die Seiten sind rötlich, der Bauch hell. Die Schwanzspitze ist immer dunkel.

Ein Baumfuchs hält Ausschau nach einer Mahlzeit – Kaninchen, Insekten oder Aas.

Die Schwanzspitze ist schwarz oder grau.

Nase und Schnauzenseiten sind schwarz.

UNERREICHBARER VOGEL

Der Rotfuchs klettert nicht auf Bäume, während der Graufuchs die meiste Zeit dort zubringt und Eier sucht und Vögel jagt (Wedgwood-Porzellanteller, 1764).

FUCHSJAGD

In vielen Ländern gilt die Fuchsjagd als sportliches Ereignis. Da Füchse so anpassungsfähig sind, können sie zu Schädlingen werden, die den Bauern Hühner und anderes Geflügel vom Hof stehlen. Durch die Jagd wird der Fuchsbestand kurz gehalten.

Füchse können mit ihrer feinen Nase Beute im Umkreis von 10 km erschnuppern.

Hals und Kehle sind weiß oder hell.

STADTSTREICHER

Immer mehr Füchse werden in Städten heimisch. Sie jagen Ratten und suchen sich Nahrungsreste aus Mülltonnen.

SCHWARZ ODER ROT?

Der amerikanische Maler John James Audubon (1785–1851) malte viele Tiere, darunter auch diesen Rotfuchs-Schwärzling.

IM TIEFEN WALD

Für den englischen Künstler William Morris (1834–1896), der diesen Bildteppich entwarf, war der Fuchs ein unverzichtbarer Teil eines jeden Waldes.

Füchse im Eis und in der Wüste

HOT DOG
Der amerikanische „Hot Dog" (= „Heißer Hund"), ein Würstchen in einem Brötchen, war bei uns schon im Mittelalter bekannt.

Nicht nur in unseren gemäßigten Klimazonen gibt es Füchse. Einige Arten leben unter extremen Bedingungen, im arktischen Eis oder in heißen Wüsten. Der Eisfuchs ist in den eisig kalten Polargebieten Alaskas, Kanadas, Nordeuropas und Nordasiens beheimatet. Untersuchungen haben ergeben, dass ein Eisfuchs auf der Suche nach Nahrung ein Revier von 6000 Hektar durchstreift. Seine Ohren sind klein und rund, damit über sie keine kostbare Körperwärme verloren geht, das Fell ist dick und warm. Auch in den Wüsten der Erde leben Füchse. Wegen des geringen Nahrungsangebots benötigen die Wüstenfüchse große Reviere und sind hinsichtlich der Nahrung nicht wählerisch: Kleine Tiere, Aas und Pflanzennahrung stehen auf dem Speiseplan. Im Gegensatz zum Eisfuchs haben Wüstenfüchse riesige Ohren, über die sie Wärme abgeben können. Sie sind klein und können daher mit wenig Nahrung auskommen. Das Fell ist kurz und dicht. In der brütenden Hitze des Tages schlafen die Wüsten bewohnenden Füchse in einer Sand- oder Felshöhle. Auf die Jagd gehen sie nachts, wenn es in der Wüste kalt ist.

WÜSTENFÜCHSE
Der Fennek (*Fennecus zerda*) ist der kleinste und zierlichste Fuchs und hat es wahrscheinlich am schwersten, Nahrung zu finden. Er lebt in der trocken-heißen Wüste Sahara und in der Arabischen Wüste, wo es kaum Leben gibt.

Kurze, stark behaarte Ohren verringern den Wärmeverlust.

Dunkelbraunweißes Sommerfell

Eisfuchs im dunklen Sommerfell

Das weiche, dichte Fell muss den Eisfuchs gut wärmen. Im Winter ist es daher besonders dick.

Die Lunte ist sehr buschig und wird bis zu 30 cm lang.

WEISS, BLAU ODER BRAUN
Beim Eisfuchs (*Alopex lagopus*) gibt es zwei Farbschläge. Der „Weißfuchs" hat im Winter ein weißes Fell, das ihn in Eis und Schnee praktisch unsichtbar macht (rechts). Im Sommer ist der Pelz braunweiß (oben). Beim „Blaufuchs" ist das Winterfell stahlblau, schwarz, kastanienbraun oder hellgrau, im Sommer sind auch diese Füchse braun. Der Weißfuchs ist durch seine Färbung wesentlich besser getarnt, sodass er heute viel häufiger ist als der Blaufuchs.

Ein Eisfuchspaar: ein Weißfuchs und ein dunkler Blaufuchs

Die Hinterpfote ist ganz mit dickem Fell bedeckt, selbst an den Sohlen.

Die typischen Wüstenfuchsohren des Rüppellfuchses sind nicht ganz so groß wie die des Fenneks.

UNBEKANNTES GROSSOHR

Der Rüppellfuchs (*Vulpes rueppelli*) wird oft mit dem Fennek verwechselt, doch er ist etwas größer, die Ohren sind etwas kleiner. Ansonsten besitzt er viele Gemeinsamkeiten mit dem Rotfuchs. Er lebt in den Steinwüsten Nordafrikas und Südarabiens. Über seine Lebensweise weiß man kaum etwas.

BLASSE ERSCHEINUNG

Der Blassfuchs (*Vulpes pallidus*) lebt in den Steppen am südlichen Rand der Sahara. Wie der Fennek ist er klein und hat ein helles Fell.

Der lange, buschige Schwanz dient als Wärmedecke in den kalten Wüstennächten.

Rüppellfuchs

AUF DER JAGD

Der Fennek muss schon sehr flink sein, wenn er diese Springmäuse fangen will.

Dicker Pelzkragen um den Hals

GROSSE OHREN, FLINKE BEINE

Große Ähnlichkeit mit den afrikanischen Wüstenfüchsen haben die beiden nordamerikanischen Kitfüchse. Sie leben ebenfalls in Wüsten und Prärien, sind sehr klein und haben große Ohren. Man findet den Swiftfuchs mehr östlich, den Großohr-Kitfuchs im Westen.

Der Kitfuchs lebt in den Wüsten Nordamerikas.

Erwachsener Eisfuchs im hellen Winterfell

Die Krallen verschwinden fast unter dem dicken Fell.

Südamerikaner

Ein Fuchs auf der Stirn eines Mannes ziert diesen Steigbügel (Mochíca-Kultur, Peru; 300–1000 n.Chr.)

Die südamerikanischen Wildhunde nannte man früher „Schakalfüchse", weil sie in ihrem Aussehen teils an Echte Füchse (S.28–29), teils an Schakale (S.24–25) erinnern. Sie sind alle Einzelgänger und jagen nicht nur selbst kleine Tiere, sondern fressen auch Aas und Früchte. Man unterscheidet zwei Gattungsgruppen, die Waldfüchse und die Kampfüchse. Zu den Waldfüchsen zählen der Waldfuchs, der Kurzohrfuchs und der Waldhund. Der Waldfuchs oder Maikong ähnelt von diesen drei Arten am meisten einem Hund. Er wird von den Indianern gelegentlich gezähmt und geht dann wie ein Hund mit auf die Jagd. Zu den Kampfüchsen gehören die Falklandwölfe und Festland-Kampfüchse, der Brasilianische Kampfuchs und der heute vom Aussterben bedrohte Mähnenwolf. Bereits ausgestorben ist der Falklandwolf, den Charles Darwin 1834 beschrieb. Als der berühmte Naturforscher und Begründer der Evolutionstheorie die Falklandinseln auf seiner Weltreise besuchte, gab es diesen Wildhund noch in größerer Zahl. Doch bis zum Ende des 19. Jahrhunderts hatten ihn Pelzjäger ausgerottet.

MAGELLANFUCHS
Das grau-gelb-schwarze Fell des Culpeo- oder Magellanfuchses spielt für den Pelzhandel keine Rolle, sodass dieser Wildhund, zumindest zur Zeit, noch nicht gefährdet ist.

AUS DER PAMPA
Der Pampasfuchs lebt in lockeren Wäldern, waldlosen Pampas und Wüsten Südamerikas. Er ist überhaupt nicht scheu. Charles Darwin tötete 1834 ein Tier, indem er zu ihm hinging und es mit seinem Geologenhammer erschlug.

AZARAFUCHS
Im 18.Jh. beschrieb der spanische Forscher Felix de Azara diesen argentinisch-brasilianischen Wildhund.

Azarafuchs

Waldhund

Kleine Ohren

Breite Schnauze

Rötlich braunes Fell

Sehr kurze Beine

WEDER MARDER NOCH OTTER
Der Waldhund gleicht eher einem großen Marder als einem Hund. Er bildet innerhalb der Hundeartigen auch eine eigene Gattung, *Speothos*. Über seine Lebensweise weiß man nur wenig. Er lebt im tropischen Südamerika, bevorzugt offenes Gelände in Wassernähe und ist der beste Schwimmer unter den Hunden.

SELTENHEIT MIT KURZEN OHREN
Der Kurzohrfuchs (*Atelocynus microtis*) ist einer der seltensten und unbekanntesten Wildhunde. Er lebt in den tropischen Regenwäldern Südamerikas.

MAJESTÄTISCHE MÄHNE
Mit seiner schlanken Gestalt und den langen Beinen ähnelt der Mähnenwolf eher einem „Fuchs auf Stelzen" als einem Wolf. Unter den Hunden besitzt er eine ähnliche Sonderstellung wie der Gepard unter den Katzen. Er lebt im hohen Gras der Steppen und in bewaldeten Gebieten Südbrasiliens. Seine Beute, vor allem Meerschweinchen, schlägt der Mähnenwolf, indem er sie nach Katzenart anspringt.

Der Schwanz des Mähnenwolfes ist an der Spitze weiß.

Nazca-Keramik von der peruanischen Küste (500–600 n.Chr.)

KRABBENESSER
Da er sicherlich selten Krabben frisst, ist der Name Maikong oder Waldfuchs für diesen Bewohner der tropischen Wälder des nordöstlichen Südamerika zutreffender.

Die ersten Haushunde

Ägyptische Papyrusrolle mit Schakalen und Ziegen (1500–1200 v.Chr.)

Der Wolf ist der Vorfahr aller Haushunde (S.41–61), vom IrischenWolfshund, der viel größer ist als ein Wolf, bis hin zum winzigen Chihuahua. Die äußere Körpergestalt der Haushundrassen unterscheidet sich zum Teil gewaltig voneinander und vom Wolf, doch in seinem Innersten ist jeder Hund ein Wolf. Wahrscheinlich zähmten die Menschen die ersten Wölfe vor über 12.000 Jahren, in der Eiszeit. Deshalb findet man Wolfsknochen auch bei Ausgrabungen von Siedlungen aus jener Zeit. Im alten Ägypten und in Westasien begann man zuerst mit der Züchtung bestimmter Rassen wie des Mastiffs oder des Arabischen Windhundes. Zur Römerzeit gab es schon eine ähnliche Vielfalt von in Größe und Gestalt unterschiedlichen Hunderassen wie heute. Das weiß man aufgrund von Knochenfunden, vor allem aber von Statuen und Statuetten, Mosaiken und anderen Kunstwerken aus jener Zeit, die die Tiere oft sehr genau darstellen. Im Altertum hielt man Hunde für die Jagd, als Hütehunde und Wachhunde, für sportliche Wettkämpfe und – wie heute – als Begleiter des Menschen.

SCHAKALGOTT
Der Schakal spielte in der Mythologie der alten Völker eine große Rolle. Diese Statue des ägyptischen Schakalgottes Anubis ist aus Kalkstein gehauen (um 300 n.Chr.).

Korallenverzierter Henkel

PERSISCHE PLAKETTE
Dieses Wesen – halb Hund, halb Vogel – ist ein Fruchtbarkeitssymbol. Die Silberplakette stammt aus der Sassaniden-Dynastie (3.–7.Jh. n.Chr.) und wurde in Nordindien gefunden.

FRANZÖSISCHER FLAKON
Auf dem Henkel dieses keltischen Trinkgefäßes aus Bronze (Basse Yutz, um 400 v.Chr.) jagen zwei Hunde eine Ente, wenn man die Flüssigkeit ausgießt.

ALTE JÄGER
Dieses Relief aus dem Palast des Assurbanipal in Ninive (erbaut 645–635 v.Chr.) zeigt assyrische Jäger mit ihren Mastiff-Hunden.

FERNÖSTLICHER HUNDEGOTT
Im Fernen Osten werden Hunde nicht nur gegessen, sie spielen auch eine Rolle in der Religion. Diese steinerne Tempelgottheit stammt aus Thailand.

GRIECHISCHE URNE
Diese Vase (380–360 v.Chr.) fand man in Süditalien. Das junge Mädchen schwenkt eine Schildkröte hin und her, um ihren Hund zu necken. Die Reifen an den Fußgelenken des Mädchens sollen böse Geister abwehren.

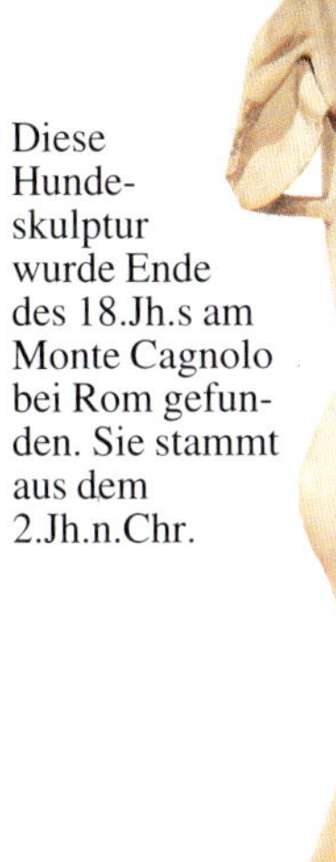

Diese Hundeskulptur wurde Ende des 18.Jh.s am Monte Cagnolo bei Rom gefunden. Sie stammt aus dem 2.Jh.n.Chr.

FRAU MIT HUND
Dieser Skelettfund stammt aus Ein Mallaha in Israel und ist etwa 12.000 Jahre alt. Hier wurde eine Frau zusammen mit ihrem Hund begraben – eines der frühesten Zeugnisse für die Haltung von Haushunden.

DIE TOWNLEY-HUNDE
Diese Windhunde aus der Sammlung des Engländers Charles Townley (1737–1805) stammen aus dem alten Rom. Dort hielt man Windhunde und Bluthunde für die Jagd sowie Mastiffs als Kampfhunde, auch für den Einsatz im Krieg.

CAVE CANEM!
Cave canem (= „Vorsicht, Hund“) könnte an der Gartenpforte römischer Villen gestanden haben. Dieses Mosaik aus dem 4.Jh.n.Chr. stammt aus der Eingangshalle einer Villa in Bodrum (Türkei).

HALSBÄNDER
Hunde mit Halsband findet man auf altägyptischen Malereien und auf Mosaiken aus Pompeji ebenso wie auf dem Teppich von Bayeux und in der modernen Kunst.

Messinghalsband aus Italien

Stachelwürger-Halsband

Silbernes Schmuckhalsband

HUNDSROSE
Die alten Griechen behandelten mit dieser „Zauberblume“ Menschen, die von einem tollwütigen Hund gebissen worden waren.

Dieses Tongefäß (Colima-Kultur, Mexiko; 300–900 n.Chr.) stellt einen Nackthund dar. Diese *Techichi* wurden gemästet und gegessen.

Verwilderte Hunde

Vor etwa 12.000 Jahren begann der Mensch mit der Züchtung von Hunden. Seit jener Zeit sind immer wieder Haushunde in die freie Natur zurückgekehrt und leben dort wie wilde Tiere. Ein Beispiel für solch einen verwilderten Haushund ist der Dingo. Er ist der erfolgreichste „wilde Haushund" und begann sein wildes Leben schon vor vielen tausend Jahren. Doch auch in Indien und in vielen anderen Gebieten Asiens leben verwilderte Hunde. Man nennt sie dort „Pariahunde" (das tamilische Wort *pariah* bedeutet „Ausgestoßener, am Rande der Gesellschaft Lebender"). Solche Parias leben am Rand der Städte und Dörfer und ernähren sich von Abfällen und Ratten. Gelegentlich werden solche Hunde wieder in den Hausstand übernommen – doch für ihren Lebensunterhalt müssen sie selbst sorgen, denn die Menschen in diesen Ländern haben oft kaum genug für sich selbst.

STREUNER AUF NAHRUNGSSUCHE
Diese verwilderten ägyptischen Hunde suchen nach Abfällen, die Touristen zurückgelassen haben.

IN DER INDISCHEN WILDNIS
Seit Jahrtausenden leben in Indien Pariahunde. Einige von ihnen gleichen den australischen Dingos.

SANTO-DOMINGO-HUND
So etwa sahen die „wilden" Hunde aus, die Christoph Kolumbus (1451–1506) bei seiner Entdeckung Amerikas in Westindien antraf.

PERUANISCHER PARIA
Lange bevor die Spanier nach Südamerika kamen, hatten die dortigen Eingeborenen Hunde, die wie die heutigen verwilderten Hunde durch die Siedlungen streunten.

QUINKANGEISTER
Diese Höhlenmalerei bei Cape York in Australien zeigt die Quinkangeister, die „Großen Ahnen" der Ureinwohner mit einem Dingo.

Sitzender Dingo

DER AUSTRALISCHE HUND
Den Dingo Australiens (oben und rechts) hielt man früher für eine eigene Art, doch er ist ohne Zweifel ein verwilderter Haushund, verwandt mit indonesischen Haushunden. Vor über 4000 Jahren kamen die Vorfahren der Dingos mit den australischen Ureinwohnern auf diesen Kontinent. Als wohl einzige Abkömmlinge prähistorischer Haushunde sollten sie geschützt werden. Doch weniger die Verfolgung durch Schafzüchter als vielmehr das Einkreuzen anderer Haushunde gefährdet diese Rasse.

DOMINANTER DINGO
Diese jungen Dingos wissen genau, wer von beiden der Stärkere ist.

EDELRASSE
Der Dingo – hier auf einem alten Stich – ist wohl der reinrassigste Hund der Welt, er konnte sich jahrtausendelang mit keinem fremden Wild- oder Haushund kreuzen.

MUTTER MIT KINDERN
Wie alle Haushunde stammt auch der Dingo vom Wolf ab (S.22–23). Wie dieser paart er sich einmal im Jahr und erzieht seine Jungen zu Rudeljägern (S.18–19).

Entstehung der Rassen

Der Lurcher hat die Statur eines Windhundes.

Viele Hunderassen sind schon Jahrhunderte alt, so die Spaniels, Greyhounds und Terrier. Doch jederzeit kann eine neue Rasse entstehen, indem man zwei oder mehrere unterschiedliche Rassen kreuzt. So kreuzte Mitte des 19. Jahrhunderts John Edwards aus dem walisischen Sealyham verschiedene Rassen zum Sealyham Terrier (S.52–53), der 1910 als neue Rasse anerkannt wurde. Den Irischen Wolfshund, der im letzten Jahrhundert praktisch ausgestorben war, hat man durch Kreuzungen zwischen Doggen, Deerhounds und Mastiffs (S.48–49) neu zum Leben erweckt. Vor der ersten Hundeausstellung in England 1859 gab es große Unterschiede in Größe, Form und Farbe innerhalb der einzelnen Rassen. Heute aber sehen sich alle reinrassigen Hunde recht ähnlich, weil sie einem vorgegebenen Standard gerecht werden müssen. Dadurch verliert jedoch der einzelne Hund seine persönlichen Eigenschaften. Außerdem treten häufiger angeborene Krankheiten auf. So sind z.B. Deutsche Schäferhunde anfällig für Hüftleiden.

SCHAFSHUND
Dieses Bild zeigt eine Fabelgestalt aus dem mittelalterlichen Großbritannien. Doch manche Hirtenhunde gleichen wirklich einem zotteligen Schaf, so z.B. der ungarische Komondor.

Durch die hochgezogenen Mundwinkel erweckt der Lurcher den Eindruck, als grinse er.

KATZEN, HUNDE UND MISTGABELN
Wenn es in England in Strömen gießt, sagt man, „es regnet Katzen, Hunde und Mistgabeln", vielleicht in Anlehnung an die alten chinesischen Geister für Regen und Wind: Katze bzw. Hund. George Cruikshank (1792–1878) hat diesen Spruch wörtlich genommen.

Lurcher

Hund

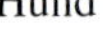

Scharfer Hund

GEHEIME ZEICHEN
Die Landstreicher Amerikas – die Tramps oder Hobos – warnen ihre Freunde mit geheimen Zeichen vor einem Hund (links) oder einem besonders gefährlichen Hund (unten).

Diese Porzellanschale ist mit Kasperle und seinem Hund verziert.

STIERKÄMPFER
Im 18.Jh. züchtete man den Bullterrier durch Kreuzungen zwischen Bulldoggen, Terriern und Spanischen Pointern als Kampfhund, der bei blutigen Schaukämpfen auf Stiere gehetzt wurde. Dieser Bullterrier spielte mit Oliver Reed (als Sikes) 1968 in dem Film *Oliver Twist* (nach dem gleichnamigen Roman von Charles Dickens).

BIS ZUM BITTEREN ENDE
Der Staffordshire-Bullterrier entstand im frühen 19.Jh. im englischen Staffordshire als Kreuzung zwischen Bulldoggen und Terriern. Nach Abschaffung der Hundekämpfe geriet er in Vergessenheit und erschien erst 1935 wieder auf einer Ausstellung.

Staffordshire–Bullterrier

GLATT ODER RAU
Der Jack-Russell-Terrier wurde im letzten Jahrhundert von dem anglikanischen Pfarrer Jack Russell, einem bekannten Terrierzüchter und Hundeliebhaber, durch Kreuzungen verschiedener heute ausgestorbener Rassen geschaffen. Erst 1990 wurde dieser Hund in Großbritannien als Rasse anerkannt, in Kanada gilt er als Terrierspielart, nicht als Rasse. Man kennt zwei Schläge: einen rauhaarigen und einen glatthaarigen.

Jack-Russell-Terrier

Dieser Stich Thomas Bewicks zeigt einen alten Lurcher.

KEINE ANERKANNTE RASSE
Der Lurcher entstand aus einer Kreuzung zwischen Greyhound und Terrier. Bis heute hat man ihn nicht als eigene Rasse anerkannt. Er ist geduldig, intelligent und schnell und greift auf Kommando an – ein bei Wilderern beliebter lautloser Jagdhund.

KOPFSTAND
Die Akrobatik dieses kleinen Mischlingshunds überrascht Frauchen augenscheinlich.

Jagdhunde

Seit Jahrhunderten setzt man überall auf der Welt Hunde bei der Jagd auf Wild ein. Im Mittelalter wurde die Jagd zu Pferde ein beliebter Zeitvertreib des europäischen Adels. Die Jagd galt als angenehme Übung für Turniere und Krieg. Damals entstanden ausgeklügelte Gesetze und Regeln für die Jagd. So wurden bestimmte Wildtiere ausschließlich für die Jagd der Adeligen gehegt. Als besonders edel galt das Hochwild, Rothirsche, wilde Eber, Wölfe und Auerhühner, während Rehe, Füchse und Wildkatzen als sog. Niederwild nicht so hoch im Kurs standen. In dieser Zeit entstanden verschiedene Schweißhunde (S.16), Vorstehhunde und Stöberhunde, die in königlichen Zwingern gehalten wurden. Besonders wertvoll waren die Jagdhunde, die zur Jagd auf das Hochwild eingesetzt wurden.

JAGD IN INDIEN
Die indischen Großmoguln kannten mindestens ebenso viele Jagdrituale wie die Feudalherren Europas. Hier jagt Akbar (1542–1605) mit windhundähnlichen Jagdhunden Hirschziegenantilopen.

MITTELALTERLICHE JAGDHUNDE
Die mittelalterlichen Jäger hatten meist eine Meute von mindestens zwölf schnellen Laufhunden und einem Schweißhund, um das Wild aufzustöbern. Auf dieser Illustration aus *Bennicks Stundenbuch* wird ein wilder Eber zur Strecke gebracht.

INS HORN GEBLASEN
Die verschiedenen Signale des Jagdhorns gehörten zum mittelalterlichen Jagdritual.

Das Savernakehorn wurde im 12.Jh. in England aus Elfenbein gefertigt und im 14.Jh. mit silbernen Jagdszenen verziert.

JAGDFIEBER
Auf dieser französischen Türkette (aus Gold und Silber, 1845) verfolgen ein Jäger und seine Meute einen Rehbock.

DER WILDHÜTER
Bis ins letzte Jahrhundert stellten die Adeligen Wildhüter ein, deren Aufgabe die Hege des Jagdwildes und dessen Schutz vor Wilderern war. Auch heute noch ist diese Arbeit Bestandteil des Försterberufs.

JAGD IN AFRIKA
Diese Bronzetafel (spätes 16.Jh.) stammt aus der für ihre Kunst berühmten Kultur der Benin in Nigeria. Sie zeigt einen portugiesischen Soldaten mit Gewehr und Jagdhund.

JAGDMEUTE
Dieses Bild des englischen Malers Alfred Duke († 1905) zeigt eine Harriermeute, die gerade eine Fährte aufnimmt. Diese ausdauernden, lebhaften, mutigen, intelligenten Hunde wurden wahrscheinlich von den Normannen zur Hasenjagd nach England gebracht. Harrier können einen Hasen zu Tode hetzen.

WASSERHUND
Dieser Golden Retriever apportiert ein Stöckchen aus dem Wasser. Genauso gut und schnell würde er auch Federwild aus dem Wasser holen. Die meisten Hunde schwimmen gern, doch der Golden Retriever wurde speziell darauf gezüchtet, erlegtes Wild aus dem Wasser zu seinem Herrn zu bringen. Das Maul solcher Apportierhunde ist „weich", d.h. sie können totes Federwild apportieren, ohne hineinzubeißen. Das Fell besitzt eine dichte, wasserundurchlässige Unterwolle.

GÖTTIN DER JAGD
Diese Emailmalerei auf einer metallenen Schmuckplatte aus Limoges zeigt, wie Jagdhunde im Frankreich des 16.Jh.s aussahen. Abgebildet ist die römische Jagdgöttin Diana. Über sie gibt es viele Geschichten. So gilt sie als männerfeindlich und tritt fast immer mit einem großen Gefolge von Nymphen auf. In der klassischen Kunst wird sie oft in einem von zwei Hirschen gezogenen Streitwagen dargestellt.

Hunde schwimmen, indem sie mit den Vorderbeinen paddeln. Durch solches „Hundepaddeln" versuchen auch Kinder vorwärts zu kommen, die ihre ersten Schwimmversuche machen.

Hütehunde

LASSIE
Filmstar Lassie machte den Schottischen Schäferhund berühmt.

Die Verwendung des Hundes als Beschützer und Hüter des Viehs hat eine mehr als 3000-jährige Tradition. Die Hirten Asiens züchteten wahrscheinlich die ersten Schäferhunde, die Phönizier brachten sie nach Europa. Der römische Schriftsteller Columella schrieb im ersten Jh.n.Chr., dass Schäfer weiße Schäferhunde bevorzugten. Sie waren besser von Bären und Wölfen zu unterscheiden, die in die Herde eingedrungen waren. So konnten die Hirten besser in die Kämpfe eingreifen, ohne den eigenen Hund zu erschlagen. Selbst heute, wo es kaum noch Wölfe gibt, bevorzugt man überall auf der Welt helle Hütehunde.

BOBTAIL
Früher schnitten die Hirten diesem englischen Schäferhund die Rute, um die Steuer für Luxushunde zu umgehen. Als dann zufällig einmal schwanzlose Welpen zur Welt kamen, wurden diese weiter gezüchtet. Bis 1998 wurde Welpen, die mit Schwanz geboren wurden, dieser kupiert, weil eine über 5 cm lange Rute nicht dem Rassestandard entsprach.

SCHOTTISCHER SCHÄFERHUND
Der Collie war schon seit Jahrhunderten der Hütehund des Schottischen Hochlandes, bis er 1860 als Rasse anerkannt wurde. Sein Name leitet sich von einer schottischen Schafrasse (*Coalley*) ab. Heute findet man den Collie überall auf der Welt, nicht nur als Schäferhund, sondern auch als Blindenhund, als Wach- und Begleithund.

Gerade, muskulöse Vorderbeine und kräftige, sehnige Hinterbeine kennzeichnen den ausdauernden Hütehund.

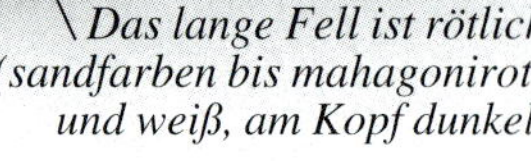

Das lange Fell ist rötlich (sandfarben bis mahagonirot) und weiß, am Kopf dunkel.

BELGISCHER SCHÄFERHUND
Als Ende des 19.Jh.s die belgische Veterinärhochschule die verschiedenen belgischen Schäferhundrassen züchtete, gab es in Belgien schon lange keine Wölfe mehr. Daher haben die Belgischen Schäferhunde, wie auch der Deutsche Schäferhund, kein helles Fell.

RENTIER-HIRTENHUND
Der Border Collie wurde von den Wikingern nach Schottland gebracht. Er ist ein unermüdlicher Hirtenhund, der sich für die Arbeit mit allen Herdentieren eignet.

AUSTRALISCHER TREIBHUND
Durch Kreuzungen vor allem von Collies und Dingos entstand dieser Treib- und Wachhund mit dem bläulichen Fell. Man nennt ihn auch Heeler, weil er Tiere (und Menschen) immer durch einen leichten Biss in die Ferse (engl. *heel*) angreift.

DER SCHÄFER UND SEIN HUND
Dieser rumänische Schäfer und sein Hund sind durch einen wärmenden Pelz gegen die kalten Winter Osteuropas geschützt.

OLÉ!
Der berühmte Maler Thomas Bewick (1753–1828) stellt hier einen Hund dar, der einen Bullen ärgert.

Halb aufgerichtete Ohren mit herabhängender Spitze

KLEIN ABER FEIN
Die meisten Tiere auf den Shetlandinseln vor der Nordküste Schottlands sind klein. So gibt es kleine Shetlandponys, kleine Shetlandrinder und den kleinen Shetland-Sheepdog oder Sheltie. Im rauen Klima der Inseln ist eine kleine, gedrungene Körperform vorteilhaft, denn kleine Tiere brauchen weniger Futter, das im Winter knapp werden kann. Der Sheltie entstand wohl aus einer Kreuzung zwischen Collie und einem isländischen Hund.

Mit seiner feinen Nase riecht ein Sheltie ein vom Schnee verschüttetes Schaf.

Fass den Dieb!

Freunde und Helfer

Seit Jahrtausenden ist der Hund Freund und Helfer des Menschen. Er fand nicht nur Verwendung als Hütehund, sondern auch als Beschützer von Häusern und Gehöften sowie in der heutigen Zeit von Fabriken und Industrieanlagen. Manchmal wird dort ein Hund einfach eingesperrt oder angekettet; doch dies ist falsch und grausam, weil eine solche Haltung nicht dem Verhalten des Hundes entspricht. Polizeihunde, die als Wach- oder Spürhunde eingesetzt werden, sind selten allein und genießen eine aufwendige Betreuung. Manche Rassen sind zwar aggressiver als andere, doch ist immer eine gezielte Ausbildung notwendig, damit ein Hund zwar Fremde, nicht aber seinen Herren angreift. Heute schult man Hunde für viele andere „Berufe“, so als Blindenführhunde, als Helfer von Menschen mit anderen Körperbehinderungen oder als Rettungshunde. Jeder Hund aber hilft seinem Halter schon allein dadurch, dass er seinen täglichen Spaziergang braucht und Herrchen oder Frauchen so auch frische Luft und Bewegung bekommen.

KRIEGSHUNDE
In den Kriegen wurden Hunde als Wach-, Melde- und Suchhunde eingesetzt, später auch als Munitionsträger oder Minensuchhunde.

Der Unterkiefer ragt etwas über den Oberkiefer. Die gedrungene Schnauze und die kräftigen Zähne flößen Fremden Furcht ein.

Die kräftigen Vorderbeine der Boxer sind ein Erbe der Bulldoggenvorfahren.

Das üppige Haarkleid schützt gut vor dem rauen Klima der Schweizer Berge.

BERNER SENNENHUND
Die alten mastiffartigen Bauern- und „Metzger“hunde aus den Schweizer Alpen wurden früher als Beschützer der reisenden Händler und als Hütehunde eingesetzt. Bis zum Beginn dieses Jahrhunderts nannte man sie Schweizer Sennenhunde, doch heute sind vier unterschiedliche Rassen anerkannt: der Berner Sennenhund (S.56–57) aus dem Kanton Bern, der Appenzeller aus dem gleichnamigen Kanton, der Entlebucher Sennenhund aus Luzern und der Große Schweizer Sennenhund.

Letzte Rettung: der Bernhardiner

LAWINENHUNDE
Bernhardiner werden seit Jahrhunderten im Kloster am St.-Bernhard-Pass gehalten und sind berühmt für ihre Fähigkeit Menschen aus Bergnot zu retten.

DREIKÖPFIGER HUND
Der dreiköpfige Zerberus der griechisch-römischen Mythologie bewachte die Unterwelt. Er ließ Lebende nicht hinein und Tote nicht heraus.

HUNDE IM ALL
Die Hundeastronauten brachten dem Menschen wichtige Erkenntnisse, doch für die Tiere muss die Raumfahrt ein schreckliches Erlebnis gewesen sein – wie jeder andere Tierversuch. Der erste Hund im All war Laika aus Russland.

In der langen Wolfsschnauze des Deutschen Schäferhundes ist viel Platz für kräftige Zähne.

Kupierte Ohren (damit der Hund gefährlicher aussieht) sind beim Dobermann Rassestandard. Das Kupieren von Ohren ist in Deutschland seit 1986 verboten.

Das Stutzen des Schwanzes ist eine grausame Verstümmelung, die den Hund daran hindert, seine Gefühle zu zeigen. Seit 1998 ist es in Deutschland verboten.

FÜHRHUND

Das Führen eines Blinden im Großstadtverkehr ist eine sehr anspruchsvolle Aufgabe für einen Hund. Blindenführhunde erhalten deshalb eine monatelange Ausbildung und sind entsprechend wertvoll. Darüber hinaus sind sie ihrem Herren ein treuer Kamerad.

Dieser Dobermann droht einem Eindringling.

DOBERMANN

Der Dobermann (-Pinscher), erstmals Ende des 19.Jh.s in Deutschland vorgestellt, ist der geborene Wachhund und wurde besonders auf Angriffslust gezüchtet. Doch auch er ist bei richtiger Erziehung ein zutraulicher Freund.

VIELSEITIG

Wie der Deutsche Schäferhund ist auch der Boxer eine deutsche Hunderasse. Er entstand im letzten Jahrhundert aus einer Kreuzung zwischen dem alten „Bullenbeißer“ und der Bulldogge. Heute richtet man den Boxer ebenso wie den Schäferhund häufig als Wachhund ab. Doch bei richtiger Erziehung sind beide anhängliche, lebhafte, gutmütige und spielerische Begleithunde, die allerdings viel Auslauf brauchen.

Muskulöse Schenkel geben dem Schäferhund die Kraft für hohe, weite Sprünge und ausdauerndes Laufen.

ZWEI WÄCHTER

Wenn ein Hund einen Menschen als Kontaktperson hat, kann er für den Personen- und Gebäudeschutz ausgebildet werden, allein ist er kein guter Wächter.

Hundesport

Schon sehr früh begannen die Menschen Hunde für verschiedene sportliche Wettkämpfe zu züchten, die leider oft sehr grausam waren. Im alten Rom waren Tierkämpfe beliebt, bei denen Bären und Stiere von Hunden gehetzt und in Stücke gerissen oder Hunde auf Hunde gehetzt wurden. Solche blutigen Schauspiele fanden noch bis ins späte 18. Jahrhundert statt. Selbst heute, wo solche Tierkämpfe in vielen Länder verboten sind, werden sie mancherorts noch illegal ausgetragen. Doch es gibt auch weniger brutale Hundewettkämpfe wie die berühmten englischen Hunderennen. Für solche Rennen und als schnelle Laufhunde für die Hasenjagd züchtete man Windhunde. Oft verwendete man sie zusammen mit Greifvögeln wie z.B. Falken für die Beizjagd. In Nordafrika und Asien setzte man Windhunde bei der Gazellenjagd ein. Heute züchtet man Windhunde wie den Großen (Greyhound) und den Kleinen Englischen Windhund (Whippet) auf Schnelligkeit. Die Hunde stellen sie bei Hunderennen unter Beweis, in denen sie hinter einer Hasenattrappe herjagen.

AUF DIE PLÄTZE ...
Greyhounds und Whippets findet man heute auf den Hunderennbahnen in aller Welt. Sie zählen zu den schnellsten Hunden.

HUNDEKAMPF
Die Zuschauer auf diesem Bild des englischen Malers Thomas Rowlandson (1756–1827) feuern ihre Favoriten an. Sie haben Wetten abgeschlossen, welcher Hund den blutigen Kampf gewinnt. Heute sind Hundekämpfe verboten.

MAULKORB
Die Hunde sind beim Rennen oft sehr erregt. Die Maulkörbe verhindern, dass sie ihre Konkurrenten beißen.

Mit seinen scharfen Augen kann der Barsoi räumlich sehen – beim Rennen wie früher bei der Jagd.

Lange, muskulöse Läufe

Schmal, hochbeinig, stehohrig, spitzer Fang, tiefe Brust, gewölbter Rücken: Kennzeichen der Windhunde.

Barsoi

Die lange, tief ansitzende Rute ist leicht gebogen und fransig behaart.

Die muskulösen Beine machen den Saluki zu einem ausdauernden Läufer.

GESCHENK ALLAHS
Der Persische Windhund, der als Geschenk Gottes gilt, stammt aus der versunkenen Stadt Saluk. Er ist aus uralten Kreuzungen zwischen ägyptischen und asiatischen Windhunden entstanden. Seit Jahrtausenden werden Salukis bei der Jagd auf Gazellen und, zusammen mit Falken, auf große Vögel wie Trappen eingesetzt.

EISIGES HUNDERENNEN
Viele Jahrhunderte lang waren Hundeschlitten die besten Transportmittel im arktischen Winter. Heute werden sie immer mehr von Motorschlitten verdrängt. Doch in den letzten Jahren wurden Hundeschlittenrennen zu einem beliebten Sport. Die Rennen in Alaska, dem nördlichsten Staat der USA, finden weltweit Interesse.

(K)EIN SCHLITTENHUND
Struppi, Star belgischer Comics, ist zwar ein toller Hund, aber er kann nicht wie die Huskys Schlitten ziehen.

Dichtes, lockiges Fell am Hals

Langes, gewelltes Haar, meist weiß, mit goldenen, roten oder grauen Abzeichen.

Die Ferse sitzt hoch am Bein. Dadurch wird der Lauf lang und kräftig.

WÜRDIGER WOLFSJÄGER
Der Barsoi soll von einem Windhund abstammen, den ein russischer Adeliger im 17.Jh. aus Arabien nach Russland brachte und mit Collies und Schlittenhunden kreuzte. Er war einst ein wilder Wolfsjäger. Dank seines würdigen Aussehens und Verhaltens (und mangels Wölfen) wird er seit dem vorletzten Jahrhundert als Begleithund gehalten.

VIELE HUNDE ...
... sind des Hasen Tod. Vor allem die nach Sicht jagenden schnellen Laufhunde wie der Große Englische Windhund werden schon lange zur Hasenjagd eingesetzt.

Jagdspezialisten

ELEGANTER BARSOI
Der Russische Windhund ist ein sehr edler Hund. Die Adeligen im alten Russland gaben für einen einzigen Rüden ganze Dörfer in Zahlung.

Die Jagdhunde sind eine sehr vielseitige Gruppe. Gemeinsam ist ihnen nur der ausgeprägte Jagdtrieb. Die Art und Weise, wie sie als Jagdhelfer eingesetzt werden können, ist ganz unterschiedlich. Die Windhunde z.B. sind schnell und jagen mit den Augen, ihr Witterungsvermögen ist durch Züchtung zugunsten der guten Augen rückgebildet. Sie können das Wild hetzen. Die anderen Jagdhunde dagegen jagen mit der Nase. Sie können die Fährte des Wildes aufnehmen und verfolgen. Man unterscheidet Bracken, Schweiß- und Laufhunde, Vorstehhunde, Stöber-, Apportier- und Erdhunde. Größe und Gestalt der einzelnen Rassen unterscheiden sich je nach Verwendung. So wurde der Irische Wolfshund früher bei der Wolfsjagd eingesetzt, heute ist er jedoch ein gutmütiger Begleithund. Der kleine Dachshund oder Dackel, eine sehr alte Rasse, wurde als Erdhund eingesetzt. Er sollte unter anderem Dachse aus ihrem Bau jagen. Heute gehört er weltweit zu den beliebtesten Haushunden.
Dackel und andere kleine Jagdhunde können 15 Jahre alt werden, die ganz großen Rassen dagegen haben nur etwa die halbe Lebenserwartung.

WALISISCHE SAGE
Die Stadt Beddgelert in Wales ist nach dem berühmten Deerhound Gelert benannt. Prinz Llewellynn streckte den Hund mit dem Schwert nieder, als er die Wiege seines Kindes blutverschmiert vorfand. Doch dann fand er das Baby wohlbehalten – und einen Wolf, den sein treuer Hund zur Strecke gebracht hatte. Ähnliche Geschichten über treue Hunde erzählt man sich überall auf der Welt.

Gesicht und Hals sind kurz behaart.

Sehr langes, seidiges Haar

LANGHAARIGE SCHÖNHEIT
Der Afghanische Windhund ist eine uralte Rasse, die auf 5000 Jahre alten Papyrusrollen erwähnt wird und in Höhlen im Nordosten Afghanistans abgebildet ist. Zu Beginn des 19.Jh.s kam er nach England. Dort wurde sein Fell noch seidiger gezüchtet. Heute ist der einstige Jagdhund zum Renn- und Luxushund geworden.

Faltiges Gesicht

Lange, seidige Hängeohren

„Wamme“: an Kehle und Hals herabhängende Hautfalte

MEUTEHUND
Der Englische Fuchshund (Foxhound) entstand schon im Mittelalter und ist seitdem kaum verändert. Als Familienhund ist er wenig geeignet, denn von jeher wurde er für die Jagd in der Meute gezüchtet.

BLUTHUND
Der Name und das Furcht erregende Aussehen lassen an einen blutrünstigen Mörder denken. Doch diesen Ruf hat der Bloodhound zu Unrecht. Er ist eigentlich gutmütig. Den Namen verdankt er seiner guten Nase, mit der er die Spur angeschossenen Wilds verfolgen kann. Allerdings hat man ihn auch schon zum Verfolgen von Menschen eingesetzt.

DER HUND VON BASKERVILLE
Hier sieht man eine Szene aus einer Filmversion des wohl berühmtesten Sherlock-Holmes-Romans von Sir Arthur Conan Doyle (1859–1930).

IRISCHER HUNDERIESE
In der zweiten Hälfte des 19. Jh.s war dieser Hund, mit dem schon die alten Kelten Wölfe jagten, fast ausgestorben. Durch Einkreuzen von Deerhounds wurde die Rasse wieder aufgefrischt. Seitdem wurde der Irish Wolfhound zu einem wahren Riesen. Mit einer Schulterhöhe von bis zu 95 cm ist er der größte Hund der Welt. Der alte Irische Wolfshund hatte eher wie ein Rauhaariger Greyhound ausgesehen.

Der Schwanz wird aufrecht getragen, nicht nach vorn gerollt.

AUF ZUR HASENJAGD!
Der Beagle gleicht einem Harrier, hat aber kürzere Beine. Er entstand im 17. Jh. in England als Hund für die Hasenjagd. Heute ist er in Nordamerika sehr beliebt. Da Beagles klein und fast immer gleich schwer sind und sich zudem in großer Zahl auf kleinem Raum halten lassen, werden sie häufig als Versuchstiere verwendet.

FLÄMISCHE JAGDSZENE
Dieser Ausschnitt aus einem flämischen Bildteppich aus dem frühen 15. Jh. zeigt eine mittelalterliche Jagdszene mit reich gekleideten Edelmännern und Damen, ihren Hunden und der Jagdbeute, einem wilden Eber.

Die geraden, kräftigen Vorderbeine und die muskulösen Hinterbeine erlauben dem Irischen Wolfshund ausdauerndes Laufen auf der Jagd.

DACHSHUND
Der Dachshund (Dackel oder Teckel) wurde dazu gezüchtet, Dachse (und Füchse) aus ihren Erdbauen herauszutreiben. Auch heute ist er noch ein beliebter Jagdhund. Das Zuchtziel der meisten Dackelzüchter aber ist ein sympathischer, intelligenter Begleithund. Vor allem der Zwergdackel ist als Wohnungshund beliebt.

Beim Dackel gibt es drei Schläge: Kurzhaar-Dackel, Langhaar-Dackel und Rauhaar-Dackel.

Vorsteher und Stöberer

Mit dieser ledernen Wurst können Hunde das Apportieren des Wildes üben.

Neben den im vorigen Kapitel vorgestellten Lauf-, Erd- und Schweißhunden hat man zur Jagd weitere Rassen mit besonderen Eigenschaften gezüchtet. Wenn ein Vorstehhund ein Stück Wild entdeckt hat, bleibt er regungslos wie eine Statue stehen, ein Vorderlauf ist erhoben. Seine Schnauze zeigt in Richtung des Wildes. Zu dieser Gruppe gehören die Pointer und Setter. Apportier- und Stöberhunde wie die Retriever oder die Spaniels können dazu abgerichtet werden, geschossenes Federwild aufzustöbern und zu apportieren, d.h. zu ihrem Herrn zu bringen, ohne es mit den Zähnen zu beschädigen. All diese Hunderassen sind sehr gelehrig. Deshalb richtet man sie nicht nur zur Jagd ab. Sie werden auch sehr gern als Begleit- und Familienhunde gehalten. Der weltweit beliebteste Haushund aus dieser Rassengruppe ist wohl der Labrador, ein großer, gutmütiger Retriever.

FEUER!
Ein Jagdhund darf vor allem keine Angst vor Gewehrschüssen haben.

Wegen des dicken Fells ist der Englische Setter auch im Winter als Jagdhund geeignet.

RETRIEVER
Retriever bedeutet „Zurückbringer“. Dieser Labrador apportiert einen erlegten Vogel.

AM ABEND DER JAGD
Nach einem langen Jagdtag ruhen sich diese englischen Jäger mit ihren Hunden und einem Pferd erst einmal aus.

Mit erhobenem Vorderlauf und zur Statue erstarrt zeigen Vorstehhunde verborgenes Wild an.

ROTE HAARE UND HASELNUSSAUGEN
Dieser schöne Hund mit den langen seidigen, kastanienbraunen Haaren ist ein Irish (Red) Setter. Er ist wahrscheinlich der älteste englisch-irische Vorstehhund.

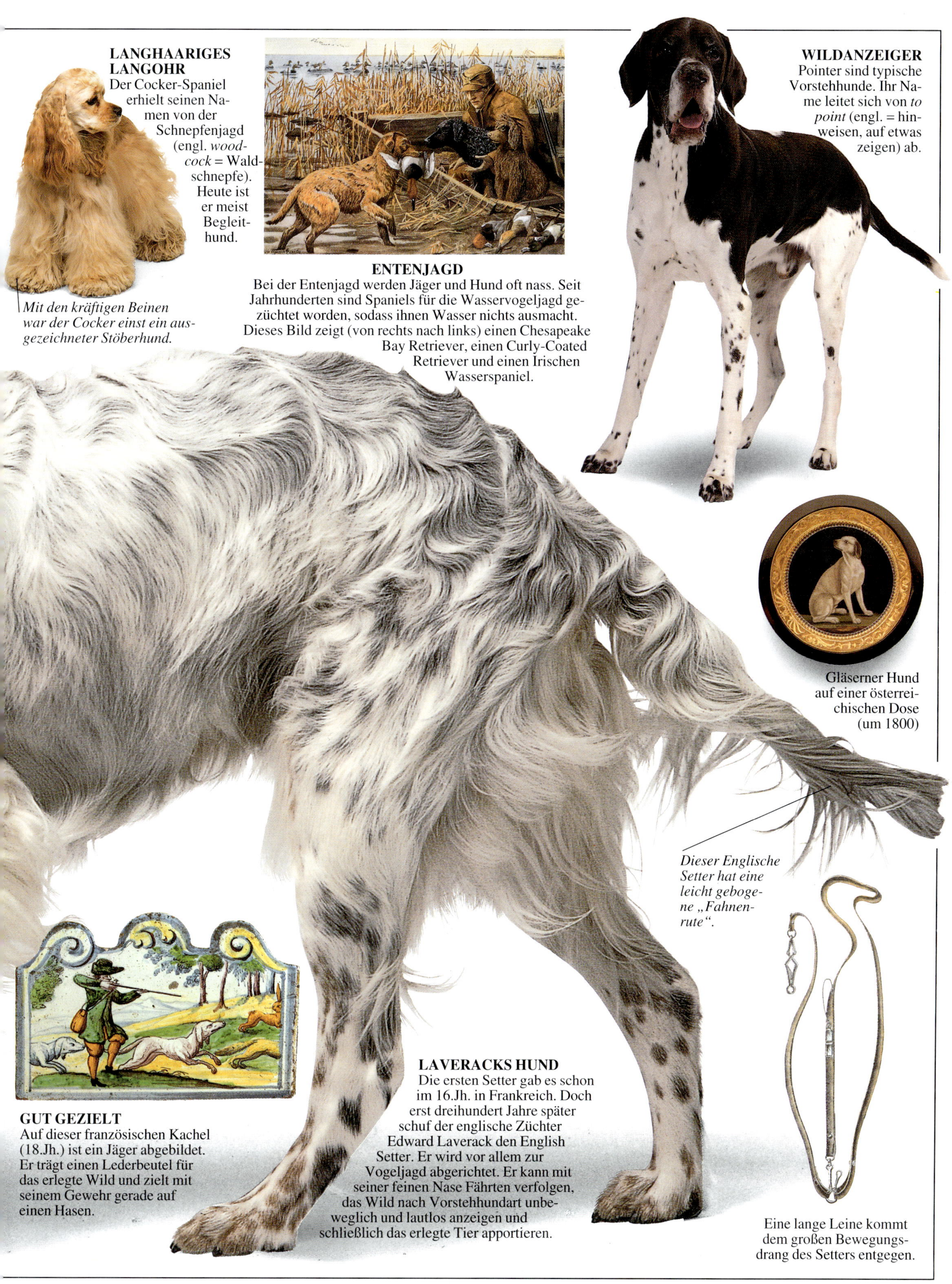

LANGHAARIGES LANGOHR
Der Cocker-Spaniel erhielt seinen Namen von der Schnepfenjagd (engl. *woodcock* = Waldschnepfe). Heute ist er meist Begleithund.

Mit den kräftigen Beinen war der Cocker einst ein ausgezeichneter Stöberhund.

ENTENJAGD
Bei der Entenjagd werden Jäger und Hund oft nass. Seit Jahrhunderten sind Spaniels für die Wasservogeljagd gezüchtet worden, sodass ihnen Wasser nichts ausmacht. Dieses Bild zeigt (von rechts nach links) einen Chesapeake Bay Retriever, einen Curly-Coated Retriever und einen Irischen Wasserspaniel.

WILDANZEIGER
Pointer sind typische Vorstehhunde. Ihr Name leitet sich von *to point* (engl. = hinweisen, auf etwas zeigen) ab.

Gläserner Hund auf einer österreichischen Dose (um 1800)

Dieser Englische Setter hat eine leicht gebogene „Fahnenrute".

GUT GEZIELT
Auf dieser französischen Kachel (18.Jh.) ist ein Jäger abgebildet. Er trägt einen Lederbeutel für das erlegte Wild und zielt mit seinem Gewehr gerade auf einen Hasen.

LAVERACKS HUND
Die ersten Setter gab es schon im 16.Jh. in Frankreich. Doch erst dreihundert Jahre später schuf der englische Züchter Edward Laverack den English Setter. Er wird vor allem zur Vogeljagd abgerichtet. Er kann mit seiner feinen Nase Fährten verfolgen, das Wild nach Vorstehhundart unbeweglich und lautlos anzeigen und schließlich das erlegte Tier apportieren.

Eine lange Leine kommt dem großen Bewegungsdrang des Setters entgegen.

Terrier

Terrier sind Erdhunde (lat. *terra* = Erde). Sie haben einen starken Grabinstinkt, holen Dachse, Füchse und Kaninchen aus ihren Bauen und sind leidenschaftliche Rattenfänger. In Großbritannien werden Terrier schon seit Jahrhunderten gezüchtet, so der Border, der Scottish und der Yorkshire-Terrier, und als Erdhunde bei der Jagd oder als Ratten- und Mäusefänger auf Bauernhöfen und in Bergwerksstollen eingesetzt. Doch auch in anderen Ländern entstanden Terrierrassen wie der Australian Terrier. Die meisten der heute registrierten Terrierrassen wurden erst in den letzten hundert Jahren gezüchtet und anerkannt und die meisten Terrier werden heute nur als Begleithunde in Wohnungen gehalten.

SCOTTIE
Der Scottish Terrier stammt aus dem 18.Jh., wird aber erst seit 1890 in der heutigen schwarzen Form gezüchtet. Der Jagdhund aus dem schottischen Hochland ist zu einem Familienhund geworden.

V-förmige, nach vorn fallende Ohren

Aus dem Griff dieser Zähne entkommt kein Beutetier.

Das drahtige Haarkleid ist feuchtigkeitsabweisend und braucht viel Pflege.

Langer, kräftiger Fang für die Kaninchen-, Ratten- und Schlangenjagd

AUSTRALISCHER TERRIER
Der Australian Terrier entstand um 1900 in Australien aus Yorkshire-, Skye-, Norwich- und Cairn-Terriern, die von britischen Einwanderern nach Australien gebracht worden waren.

RÖMISCHER HUND
Im Norden Englands entdeckte man im 19.Jh. diese kleine römische Kupferfigur (1.–4.Jh.n.Chr.). Sie erinnert an eine alte Terrierrasse, den Aberdeen.

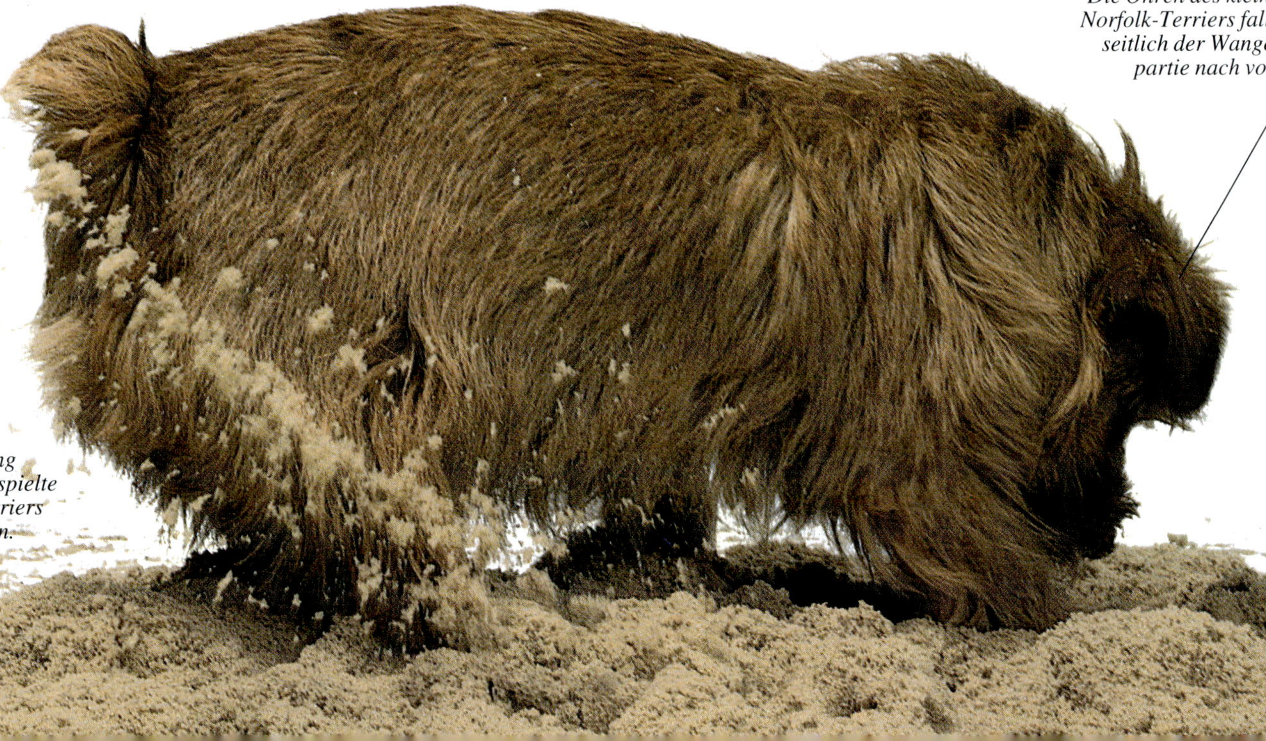

Die Ohren des kleinen Norfolk-Terriers fallen seitlich der Wangenpartie nach vorn.

Ein Gummiring bringt die verspielte Natur des Terriers zum Vorschein.

RIESENTERRIER
Der Airdale-Terrier entstand im 19. Jh. im Airetal in Yorkshire aus dem alten Arbeitsterrier und dem Otterhound. Er ist der größte Terrier und mit etwa 60 cm Schulterhöhe nicht als Erdhund zu gebrauchen, wohl aber als Jagd-, Polizei- und Wachhund oder Rattenfänger. Im Krieg war er ein ausgezeichneter Meldehund (S.44–45).

Gerade, hoch getragene Rute

SCHON ZU LEBZEITEN LEGENDE
Als „Greyfriars" im schottischen Edinburgh starb, wich sein treuer Terrier „Bobby" nicht von seinem Grab, bis er selbst – etwa 10 Jahre später – starb.

FUCHSHUND
Beim Foxterrier gibt es zwei nah verwandte Rassen: Die ältere ist der Glatthaar-Foxterrier, die jüngere der abgebildete Drahthaar-Foxterrier. Foxterrier sind die geborenen Erdhunde und für die Fuchsjagd bestens geeignet.

Der lebhafte Foxterrier braucht Betätigung. Wenn er keine Füchse jagen kann, kämpft er mit einer Decke.

HOCH DEKORIERTER HUND
Hunde sind als Maskottchen sehr beliebt. Dieser Hund mit den vielen militärischen Auszeichnungen ist Drummer, das Maskottchen der Northumberland Füsiliere. Sein Tod wurde 1902 per Anzeige bekannt gegeben.

Hängeohren, birnenförmiger Kopf und lockiges Fell: Der Bedlington-Terrier gleicht einem Schaf.

WOLF IM SCHAFSPELZ
Als Rattenfänger in englischen Bergwerken wurde der Bedlington-Terrier aus Terriern, Otterhounds und Whippets gezüchtet.

FOTOGEN
In der Werbung spielen Hunde eine große Rolle. Dieser Terrier ziert das Titelblatt einer Zeitschrift.

WÜHLER
Der Norfolk- und der Norwich-Terrier sind eng miteinander verwandt; bis 1964 betrachtete man sie als eine Rasse. Heute bezeichnet man als Norfolk-Terrier den hängeohrigen, als Norwich-Terrier den stehohrigen Typ. Beide sind kleine, lebhafte Erdhunde, lassen sich aber auch gut in der Wohnung halten.

Terrier graben – wie dieser Norfolk-Terrier – mit Vorder- und Hinterbeinen.

Begleithunde

Hunde sind treue Kameraden ihrer Herrin oder ihres Herrn. Sie begleiten sie durch Freud und Leid und geben vor allem dem Leben einsamer Menschen oft einen neuen Sinn. Doch alle Hunde, die heute „nur“ Begleiter des Menschen sind, wurden ursprünglich zu einem anderen Zweck gezüchtet. Sie alle sind ehemalige Gebrauchshunde. So waren die Vorfahren des Chow-Chow vor 3000 Jahren in der Mongolei Kriegshunde. Später wurden Chow-Chows als Hüte- oder Schlittenhunde verwendet und in China als Speisehunde gehalten. Der Pudel ist ein ehemaliger Vorsteh- und Wasserhund, der Dalmatiner ein Ex-Jagdhund, die Bulldogge ein Ex-Stierkämpfer. Heute aber findet man diese Hunderassen praktisch ausschließlich als Begleiter des Menschen und als „Mannequins“ auf Ausstellungen.

TREUER DIENER
Dieser Ausschnitt aus einem japanischen Wandschirm aus dem 17.Jh. zeigt einen reichen portugiesischen Händler mit zwei Dienern und seinem Hund.

MADE IN USA
Die Vorfahren des Boston-Terriers sind französische Boxer, englische Bullterrier und deutsche Bulldoggen.

Der muskulöse Rücken ist ein Erbe der englischen Bulldoggenvorfahren.

Die Beine sitzen weit außen am massigen, gedrungenen Körper.

Französische Bulldogge

FLEDERMAUSOHRIGE BULLDOGGE
Sie stammt von aggressiven Kampfhunden ab und wurde früher auf Esel gehetzt. Heute ist die Französische Bulldogge ein liebenswürdiger, aber wachsamer Begleithund, der sich auch fürs Großstadtleben eignet.

CHINESISCHER LÖWENHUND
Die älteste Abbildung eines Chow-Chow findet sich auf einem 2000 Jahre alten chinesischen Basrelief. Englische Handelsschiffe brachten 1780 ein Paar verwilderter Chow-Chows von Kanton nach Europa. Hier ist der schöne, eigenbrötlerische Hund mit der Löwenmähne und der blauen Zunge ausschließlich Begleithund. In seiner Heimat aber wird er noch heute gegessen.

Bei einem gesunden Chow-Chow ist die Zunge blauschwarz.

Dichtes Fell und kurze Ohren: Der Chow-Chow ist polartauglich und eignet sich als Schlittenhund.

BRITANNIENS STOLZ
Die Bulldogge wurde im 16.Jh. für den Stierkampf gezüchtet. Als das Verbot der Tierkämpfe ihre Gladiatorenkarriere beendete, wurde sie zum Gebrauchshund und schließlich zum gutmütigen Begleithund.

ZIRKUSNUMMER
Pudel sind gelehrig und flink. Man kann ihnen leicht Kunststücke beibringen. Deshalb sieht man sie häufig im Zirkus. Auf dieser österreichischen Goldbrosche (um 1890) betätigt sich ein Clown als „Pudeldompteur".

KUTSCHENHUND
Im 18.Jh. nahmen englische und französische Adlige gern einen Hund als Reisebegleiter mit. Oft wählte man die Hunde passend zum Zaumzeug oder zu den Pferden aus.

Langer Schnauzbart

Der Riesenschnauzer erreicht eine Schulterhöhe von bis zu 65 cm.

BARTTRÄGER
Woher der Name Schnauzer kommt, ist offensichtlich. Der lange Schnauzbart ist das auffälligste Kennzeichen dieser Hunde. Der Riesenschnauzer ist ein anerkannter Polizei-, Schutz- und Sanitätshund, sehr lernbegierig und dressurfähig. Kleinere Rassen wie der Mittelschnauzer und der Zwergschnauzer dagegen finden kaum noch als Gebrauchshunde Verwendung.

Das Fell des Dalmatiners ist reinweiß mit schwarzen und leberbraunen Flecken und Tupfen.

GETÜPFELTE BRACKE
Über die Herkunft des Dalmatiners gibt es viele Geschichten. So heißt es, er sei mit Zigeunern aus Indien nach Dalmatien (Jugoslawien) gekommen, andere sehen den Ursprung dieser Rasse in Ägypten oder Italien. Im 18.Jh. brachten ihn Reisende nach England. Dort ließen die Edelleute den aristokratischen Hund neben ihren Kutschen herlaufen. Heute ist er ein beliebter „Spazierhund". Er ist sauber und ordentlich, meidet Pfützen und Schmutz.

Mit den langen Beinen kann der Dalmatiner schnell und ausdauernd laufen.

SCHÖN WIE MONA LISA
Pudel waren ursprünglich Apportierhunde. Ihr Herkunftsland ist unbekannt. Wegen ihres geselligen Wesens und ihrer Intelligenz sind sie heute ausschließlich Begleithunde. Das Gemälde von Jean Jacques Bachelier (1724–1806) zeigt eine frühe Form des Pudels.

Arbeitshunde

„BERNHARDINER DES WASSERS"
Der Neufundländer stürzt sich instinktiv ins Wasser, um ertrinkende Menschen zu retten. Er wurde vielfach zur Rettung Schiffbrüchiger eingesetzt.

In der Kynologie (= Hundelehre) bezeichnet man als Arbeits- oder Gebrauchshund jeden Hund, der eine nützliche Arbeit verrichten kann, z.B. als Hirten- und Hütehund, Wachhund oder Schlittenhund. Bereits in der Antike war der Hund nicht nur ein Jäger, sondern auch ein Wächter. Als der Mensch mit der Viehzucht begann, wurde der Hund zum Beschützer und Treiber der Herden. Man hat verschiedene Hütehunderassen gezüchtet. Bevor die Europäer im 15.Jahrhundert nach Nordamerika kamen, gab es dort nur ein Haustier: den Hund. Seine Aufgabe bestand darin, die Schlitten der einheimischen Nomadenvölker zu ziehen, wenn sie neue Jagdgründe aufsuchten, und bei der Bisonjagd zu helfen. In Europa, wo man Pferde, Esel und Rinder als Last- und Zugtiere hatte, war dieser „Beruf" für Hunde nicht so wichtig. Bei der Erforschung der Polarregionen aber waren Eskimohunde und Huskys unverzichtbare Helfer.

KÖNIGLICHER CORGI
Ein Walisischer Zwerg-Schäferhund (Corgi) ist der Liebling der englischen Königsfamilie.

FLINK UND FLEISSIG
Der Australian Kelpie, ein Abkömmling von Dingo und Collie, treibt verlorene Schafe zur Herde zurück. Über 60 km kann er an einem Tag bei seiner Treiberarbeit zurücklegen, bei der er auch über die Rücken der Schafe an die Spitze der Herde vordringt.

Sibirischer Husky

Huskys haben blaue oder braune Augen – oder von jeder Farbe eins.

Wenn Hunde „hecheln", geben sie Wärme über ihre Zunge ab.

Ein dickes Fell und ein gedrungener Körperbau halten den Wärmeverlust des Huskys gering.

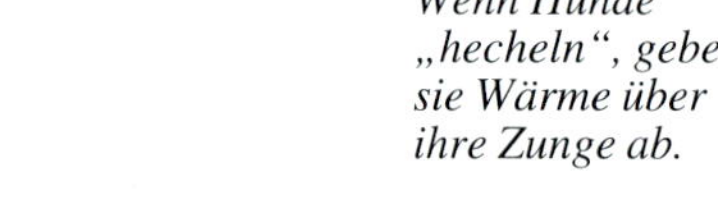

SCHWEIZER DECKE
Der Berner Sennenhund (S.44–45) ist einer von vielen mastiffähnlichen Gebrauchshunden, die seit der Römerzeit überall in Europa und Asien als Begleithund der Reisenden gezüchtet wurden. Bei Tag war er ein guter Pfadfinder und Beschützer, nachts wärmte er seinen Besitzer mit seinem dicken Fell. Doch auch als Hütehund ist der Berner Sennenhund gut geeignet.

VOR DEN KARREN GESPANNT
Wie in der Schweiz die Sennenhunde, dienten in anderen Bergländern mastiffähnliche Hunde als Zugtiere. Sie konnten Milchkarren am besten und sichersten über die schmalen Gebirgspfade bringen. Auch als Wächter waren diese Hunde bestens geeignet.

IM HOHEN NORDEN

Der Eskimohund lebt wie die Eskimos (Inuit) in der Arktis. Er verträgt Temperaturen von bis zu –70 °C. Eskimohunde bellen nicht, sie heulen wie Wölfe.

Doggen haben eine breite, tiefe Brust.

DEUTSCHE DOGGE

Als 407 n.Chr., gegen Ende der Römerzeit, die Alanen mit den Vandalen plündernd nach Westen zogen, brachten sie mächtige, doggenartige Hunde mit, wie sie schon auf alten griechischen Münzen dargestellt waren. Nach dem Verschwinden der Alanen kreuzte man diese Hunde mit irischenWindhunden. Das Ergebnis war die Dogge, die es heute in verschiedenen Fellfarbvarianten gibt. Hier ist eine Gelbe Dogge abgebildet.

Durch das Geschirr soll die Zugkraft des Hundes möglichst gut ausgenutzt werden.

Die Rute hängt in Ruhe herab, beim Laufen wird sie über dem Rücken getragen.

GEHARNISCHT

In vereistem Gelände, wo kein mechanisches Transportmittel einsetzbar ist, tun die nordischen Schlittenhunde schon seit Jahrhunderten gute Dienste. Heute nutzt man sie auch für den sportlichen Wettkampf – bei Schlittenhundrennen. Der Name Husky wird nicht nur für den Sibirischen Husky gebraucht, sondern für andere Nordlandhunde wie den Alaskan Malamute, den Grönlandhund oder den Eskimohund.

WAPPENHUND

Als Wappentiere haben Hunde eine lange Tradition. Dieser Husky ist das Wappentier des kanadischen Yukon-Distrikts.

Zwerghunde

Zwerghunde haben eine Schulterhöhe von meist unter 30 cm. Doch trotz ihrer Kleinheit darf man nicht vergessen, dass auch diese Tiere Abkömmlinge des Wolfes sind und damit auch Wolfsinstinkte besitzen. Sie verteidigen ihr Revier, nagen Knochen und zeigen anderen Hunden durch Körpersprache ihre Gefühle – genau wie ein Wolf. Wahrscheinlich züchteten die Römer die ersten Miniaturhunde. Bei Ausgrabungen fand man Gebeine römischer Hunde, die ebenso klein waren wie heutige Zwerghunde. Der kleine Malteser wurde möglicherweise schon von den Römern gezüchtet. Ein malteserartiger Hund ist jedenfalls schon auf einem römischen Bild zu sehen. Auch im Fernen Osten, in Tibet, China und Japan, züchtete man Zwerghunde, in Europa waren Zwergspaniels im Mittelalter beim Adel sehr beliebt.

Dismal Desmond war ein um 1930 in England beliebter Stoffhund.

KLEINER TEUFEL
Der Australian Silky Terrier besitzt die Lebhaftigkeit und die Instinkte eines großen Terriers. Er ist ein leidenschaftlicher Ratten- und Mäusefänger und nutzt jede Chance Tieren in Erdbauen nachzujagen. Er stammt aus Australien und entstand durch Kreuzung verschiedener Terrierrassen.

TISCHGENOSSE
Auf diesem Ausschnitt aus einem französischen Gemälde aus dem 19.Jh. mit dem Titel *Caninemanie* (= „Hundewahn“) wird das kleine Haustier dem Gast vorgezogen, der – auf einen Stuhl in der Ecke verbannt – auf diesem Bildausschnitt nicht erscheint.

PEKINESENPAAR
Der Schoßhund des chinesischen Kaiserhofs kam 1860 nach England, nachdem englische und französische Soldaten Peking erobert und den Kaiserpalast besetzt hatten. Seitdem ist er noch kleiner und kurzbeiniger gezüchtet worden.

CHINESISCHER LÖWENHUND
Der Pekinese oder Peking-Palasthund wurde der Sage nach als Darstellung des Löwengeistes Buddhas gezüchtet. Jahrhundertelang nahm er am Kaiserpalast einen Ehrenplatz ein.

KLEINER PINSCHER
Der Rehpinscher gilt als typischer Zwerghund. Obwohl auch der Dobermann zu dieser Rassengruppe gehört, wurde der Name Pinscher zum Schimpfwort für kleine Hunde. Diese Abwertung verdankt er auch seinem grimmigen Kläffen, das ihn trotz seiner geringen Größe zu einem guten Wachhund macht.

Der Rehpinscher ist kein Weichling. Er ist drahtig und muskulös.

Runder Kopf mit aufgeschobener Nase

KÖNIGLICHER FAVORIT
Der King-Charles-Spaniel stammt vermutlich vom Japanischen Spaniel (Korea), vom Mops (England) und vom Malteser (Italien) ab. Seinen Namen erhielt er als Lieblingshund Karls II.

King-Charles-Spaniel

POMMERSCHER ZWERG
Der Großspitz ist eine der ältesten Hunderassen. Von ihm hat man über zehntausend Jahre alte Fossilien gefunden. In Pommern entstand als Zuchtform der Zwergspitz. Auf diesem Gemälde von Thomas Gainsborough (1727–1788) sieht man eine Zwergspitzmutter mit einem Welpen.

Bichons tragen ihren Schwanz über dem Rücken geringelt (Ringelrute).

BICHON FRISÉ
Der Bichon Frisé („lockiger Schoßhund“) entstand im 15.Jh. aus dem Malteser. Er war in der Renaissance sehr beliebt und erlebt heute, vor allem in den USA, wieder einen Aufschwung. Er ist sehr temperamentvoll und intelligent.

Das weiße Fell besteht aus einer weichen Unterwolle und lockigem, seidigem Deckhaar.

Klasse ohne Rasse

Die verschiedenen Rassen der Jagdhunde (S.40–41), Schäferhunde (S.42–43), Wachhunde (S.44–45) oder Sporthunde (S.46–47) sind das Ergebnis jahrtausendelanger Züchtung und Auslese. Doch die meisten Hunde sind keine Rassehunde. Sie sind „Bastarde“, Mischlinge. Bei ihnen hat der Mensch nicht sorgfältig bestimmte Partner zur Paarung ausgewählt, und prinzipiell können sich alle Hunderassen untereinander paaren, denn sie alle stammen vom Wolf (S.8–9) ab und gehören mit ihm zu einer Art. Natürlich sind in der Praxis Größenunterschiede, wie sie zwischen einem Pekinesen und einer Deutschen Dogge vorhanden sind, schon ein Paarungshindernis. Trotzdem gibt es hin und wieder unerwartete Kreuzungen wie die zwischen einem Dackel und einem Deutschen Schäferhund. Man sagt Mischlingen nach, sie seien oft intelligenter als reinrassige Hunde; mit Sicherheit zeigen sie eine größere Vielfalt an Verhaltensmustern, weil sie die Eigenschaften mehrerer Rassen in sich vereinen.

MÄNNCHEN MACHEN
Diese „Promenadenmischung“ wartet auf eine Belohnung.

Die hochgebogene Rute unterstützt die Sprungbewegung.

MIT EINEM SATZ
Diese Bildfolge zeigt, wie ein Hund ein Hindernis überspringt. Der Schwanz spielt eine wichtige Rolle beim Gleichgewichthalten.

Mit den muskulösen Beinen stößt sich der Hund kraftvoll vom Boden ab.

„DIE STIMME SEINES HERRN“
Dieses Bild des Engländers Francis Barraud (1856–1924) wurde von einer Grammophonfirma für 100 Pfund Sterling erstanden. Der Hund, „Nipper“, gehörte dem Maler. Er war ein Mischling mit viel Terrierblut. 1910 wurden dieses Bild und der bekannte Werbeslogan als Warenzeichen eingetragen. Noch heute ist es als Markenzeichen einer Schallplattenfirma in aller Welt bekannt.

BRAVER HUND!
Einen Hund abzurichten ist oft ein anstrengendes, langwieriges Unterfangen. Doch eine gute Erziehung erleichtert es Mensch und Hund, miteinander auszukommen.

AUF DER HÜTTE
Die wohl bekannteste Hundekarikatur ist Snoopy, eine Mischung aus Beagle und anderen Rassen. Er erlebt die tollsten Geschichten – aber am liebsten liegt er auf dem Dach seiner Hütte und schläft und träumt.

Kräftige, wohlproportionierte Beine

FREUNDLICHE BEGRÜSSUNG
Schwanzwedeln ist ein Zeichen von Freude und Wohlgesonnenheit. Dieser kleine Terrakottahund aus dem Jahr 500 v.Chr. wurde in Böotien in Mittelgriechenland gefunden.

LANDSTREICHER
Dieses Bild des Franzosen Constantin Magnier (1910) trägt den Titel *L'Ami des Bêtes* („Tierfreund"). Es zeigt einen Landstreicher, der sein karges Mahl mit einer Schar streunender Hundemischlinge teilt.

ABKÜHLUNG
Dieser Mischlingswelpe leckt sich die Nase, damit sie in der Sommerhitze kühl und feucht bleibt.

BUNTE MISCHUNG
Diese Hundemischlinge weisen keine extremen Körper- oder Verhaltensmerkmale auf. Häufig sind solche Tiere gesünder und ausgeglichener als Rassehunde, bei denen z.B. platte Schnauzen zu Atembeschwerden oder übergroße Köpfe zu Komplikationen bei der Geburt führen können.

Hundehaltung

HUNDEKOSMETIK
Puder brauchen Hunde kaum, wohl aber regelmäßiges Baden und Bürsten.

Wenn man Hundebesitzer werden will, sollte man sich darauf einstellen, das Tier sein Leben lang zu behalten – bis zu 17 Jahren. Im ersten Jahr ist ein Hund fast wie ein kleines Kind, allerdings kann man ihn relativ schnell stubenrein erziehen. Man muss den Bedürfnissen des Hundes entgegenkommen, aber der Hund sollte auch wissen, wo sein Platz in der Familie ist. Man sollte Hunde nicht den ganzen Tag lang allein lassen. Sie brauchen Ansprache, regelmäßig frisches Wasser und Futter zu festen Zeiten, harte Hundekuchen oder Knochen zum Nagen und zur Gebissreinigung. Eine vorsorgliche Behandlung gegen Würmer und Flöhe ist sinnvoll, in jedem Fall muss ein Hund gegen Hundestaupe, Stuttgarter Hundeseuche, ansteckende Leberentzündung und Tollwut geimpft werden.

Warten aufs Bad

Teilweise geschoren

Rasur am Bauch

PUDELPFLEGE
Vom Wasserhund (S.54–55), dem man das Fell schor, damit es nicht verfilzte, ist der Pudel zum ausschließlichen Begleithund geworden. Das Fell sollte ohne Rücksicht auf Standards so geschoren werden, dass das Tier sich wohl fühlt.

Ein nasser Pudel nach dem Bad

Haarschnitt am Schwanz

Fertig

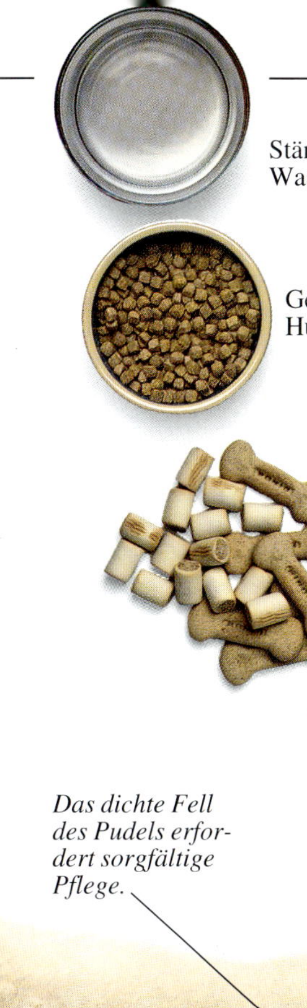

Ständig frisches Wasser

Getreide oder Hundeflocken

AB INS KÖRBCHEN

Wie jeder Wolf seinen eigenen Schlafplatz braucht, benötigt auch jeder Haushund sein eigenes Bett: Einen Korb, einen alten Sessel, ein Deckenlager oder ähnliches.

Hundekuchen

Nageknochen

Spielzeug

Kamm und Bürste

Hilfsmittel für die Hundehaltung

Leine

Halsband

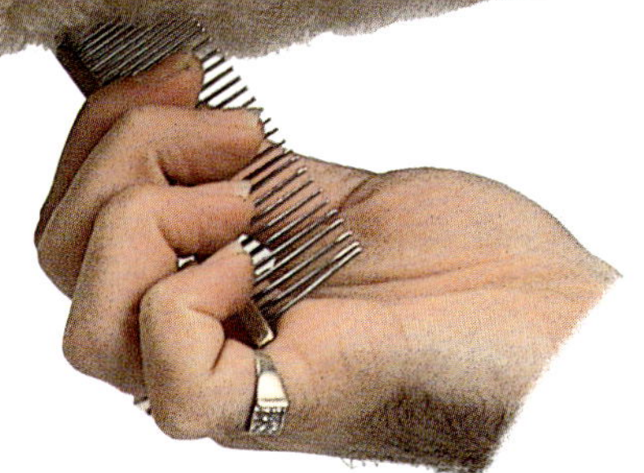

Das dichte Fell des Pudels erfordert sorgfältige Pflege.

Zähneputzen

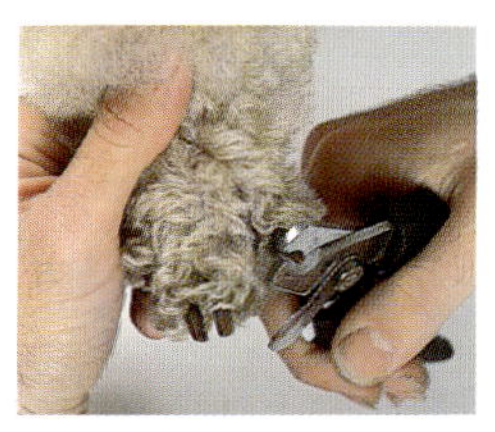

Nägelschneiden

Rasieren zwischen den Zehen

STREUNENDE HUNDE

Das Schlimmste, was einem Hund passieren kann, ist, dass er verloren geht oder ausgesetzt wird. Ins Tierheim gebracht, macht er einen verstörten und ängstlichen Eindruck. Findet sich kein neuer Besitzer, ist es am besten, ihn von einem Tierarzt einschläfern zu lassen. Denn allein im Zwinger des Tierheims fehlt ihm das Wesentliche in seinem Leben: eine Kontaktperson.

DER SCHÖNSTE

Seit etwas über hundert Jahren gibt es Hundeausstellungen. Dort werden die Tiere von Richtern anhand der von den Zuchtvereinen festgelegten Standards beurteilt. Doch nicht immer sind diese Standards zum Besten der Tiere. So kann ein Hund mit kupiertem Schwanz nicht mehr beim Sprung mit dem Schwanz balancieren und ein wesentliches Element seiner Körpersprache wird ihm genommen. Wie soll er mit einem Stummel Freude oder Angst ausdrücken?

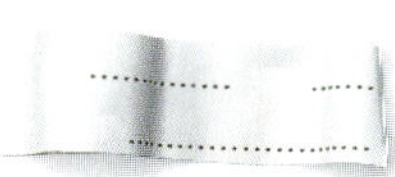

ERKENNUNGSZEICHEN

Jeder Hund muss Namen und Adresse seines Besitzers bei sich tragen, z.B. auf einer gravierten Hundemarke am Halsband oder auf einem Zettel in einer Kapsel.

Register

Bildnachweis

o = oben, u = unten, m = Mitte, l = links, r = rechts

Advertising, Archives: 60ul, 63ul; Allsport: 46ml; / Bob Martin: 15mr; American Museum of Natural / A.E. Anderson: 9ol; / Logan: 9mo; Ancient Art and Architecure Collection: 49uml; Animal Photography / Sally Anne Thompson: 39or, 45or, 45ur, 50m; Ardea, London / Eric Dragesco: 25ol / Ian Beames: 35ur; / John-Paul Ferrero: 22o, 37ml, 56m; / Kenneth W. Fink: 20ul, 31ur; / M. Krishnan: 36mul; / S. Meyers: 28ol; Australian Overseas Information Service, London: 37or; Bridgeman Art Library: 6ol, 6–7ol, 7or, 40 ml, 41ol, 41or, 42or; Cadogan Gallery, London: 18ml; Oldham Art Gallery, Lancester: 46or; Raffael Valls Gallery, London: 55ul; British Museum: 34ol, 34ur, 35ml, 35ul; Museum of Mankind: 26ur; Jean-Loup Charmet: 19ul, 51ul, 58mr, 61or; Bruce Coleman / John M. Burnley: 19ol; / Jessica Ehlers: 36ul; / Jeff Foott: 32ml; / Gullivan & Rogers: 33ur; / F. Jorge: 32or; / Leonard Lee Rue: 25om, 29ol; Columbia Pictures Television: 39ol; Silvia Cordaiy Photo Library: 63mur; Cyanamid (UK) / Abteilung Tiermedizin: 11u; C.M. Dickson: 36ol; EMI-Schallplatten: 60mr; English Heritage / Keith Hobbes: 52mr; e.t. Archive: 48ul; Mary Evans Picture Library: rückwärtiger Umschlag ml, 10ol, 16ul, 21m, 22mu, 44ul, 47ul, 48ol, 48or, 53om; Marc Henrie, ASC (London): 42ur, © Hergé: 47mr; Michael Holford: vorderer Einband ur, 4ur, 34ul, 38ml, 58ul; Hutchinson Library / H.R. Dörig: 32ol; / : R. Ian Lloyd: 35 ol; ILN Picture Library: 53ml, 56ur; Image Banc: 12ol, 30ol; Imperial War Museum: 44or; Dave King: 10ur, 13mol, 39uor, 42ul, 45mr, 48ml, 51ol, 52ol, 52–53o, 53m, 54or, 54ul, 57ol, 61ul; Kobal Collection: 23ur, 42ol, 49ol; Michael Leach: 29mu; Leeds Castle Enterprise Ltd.: 35um; Macmillan Inc.: 8ur; National Archive of Canada / Karen E. Bailey: 57u; National Portrait Gallery: 56or; National History Museum Pubs.: 9ur; Peter Newark's Pictures: 25m, 29mr; NHPA / Michael Leach: 36mol; / Mandal Rajit: 27ul; Robert Opie Collection: 44ol, 50ol, 54mr, 62ol; Oxford Scientific / Owen Newman: 25mr; Planet Earth Pictures / J.R. Bracegirdle: 24um; / Jim Brandenburg: 11mr, 23ul; / J. Scott: 21ol; Axel Poignant Archive: 36ur; Retrograph Archive / Martin Breese: 14or, 20ol, 42ml, 44ur, 46ol, 50ml, 53mr; Gary Santry: 61mr; Science Photo Library / John Sanford: 8ol; South American Pictures / Tony Morrison: 33ul; Tate Gallery: 59or; Tring Museum: 7ul; 1990 United Features Syndicate Inc.: 60ur; F.R. Valler: 35mr; Victoria & Albert Museum: 29ur, 56ol, 58ol; Werner Forman Archive: 23mo, 24or, 41om, 54ol; Zefa Picture Library: 47ml; © Dr. Erik Zimen: 18mor, 19or, 21ml, 23or

Illustrationen:
E. Sephon, J. Kaiser–Atcherley
Bildredaktion:
Cynthia Hole

Erläuterungen:

Abrichtung: Ausbildung eines Hundes für einen speziellen „Beruf", z.B. Schutzhund, Blindenführhund, Jagdhund, Rauschgiftspürhund.
Arbeitshund (= Gebrauchshund): Jeder Hund, der eine nützliche Arbeit verrichten kann (z.B. Hütehunde, Wachhunde).
Erziehung: Erlernen bestimmter Verhaltensweisen im Hause (z.B. Schlafen an einem bestimmten Ort, wenig bellen) oder auf der Straße (z.B. an der Leine gehen).
Kupieren: Bei einigen Rassen im Standard vorgeschriebenes Stutzen der Ohren oder der Rute, in einigen Länder (z.B. Deutschland, Großbritannien) mittlerweile verboten.
Läufe: Beine des Hundes, z.T. wird der Begriff Lauf auch nur für den Fuß gebraucht.
Mastiffartige Hunde: Der Mastiff ist ein Hund aus der Doggengruppe und gleicht einer hochbeinigen Bulldogge. Erinnert sehr an die Kampf- und Treibhunde des Altertums, die man auch Molosser nannte.
Standard: Von einem nationalen und internationalen Zuchtverein festgelegte charakteristische Merkmale einer Rasse (Größe, Gewicht, Ohren, Rute, Kopfform, Fell- und Augenfarbe usw.)
Wamme: Am Hals und Kehle herabhängende Hautfalte, z.B. stark ausgeprägt beim Bloodhound.
Zuchtvereine: Deutsche Vereine sind im VDH (Verband für das Deutsche Hundewesen, Sitz Dortmund), in der EHU (Europ. Hundesportunion) oder anderweitig organisiert. Die meisten Zuchtvereine sind in der F.C.I. (Fédération Cynologique International) mit Sitz in Brüssel zusammengeschlossen. Diese Vereinigung legt zusammen mit dem Herkunftsland die Standardmerkmale einer Rasse fest.

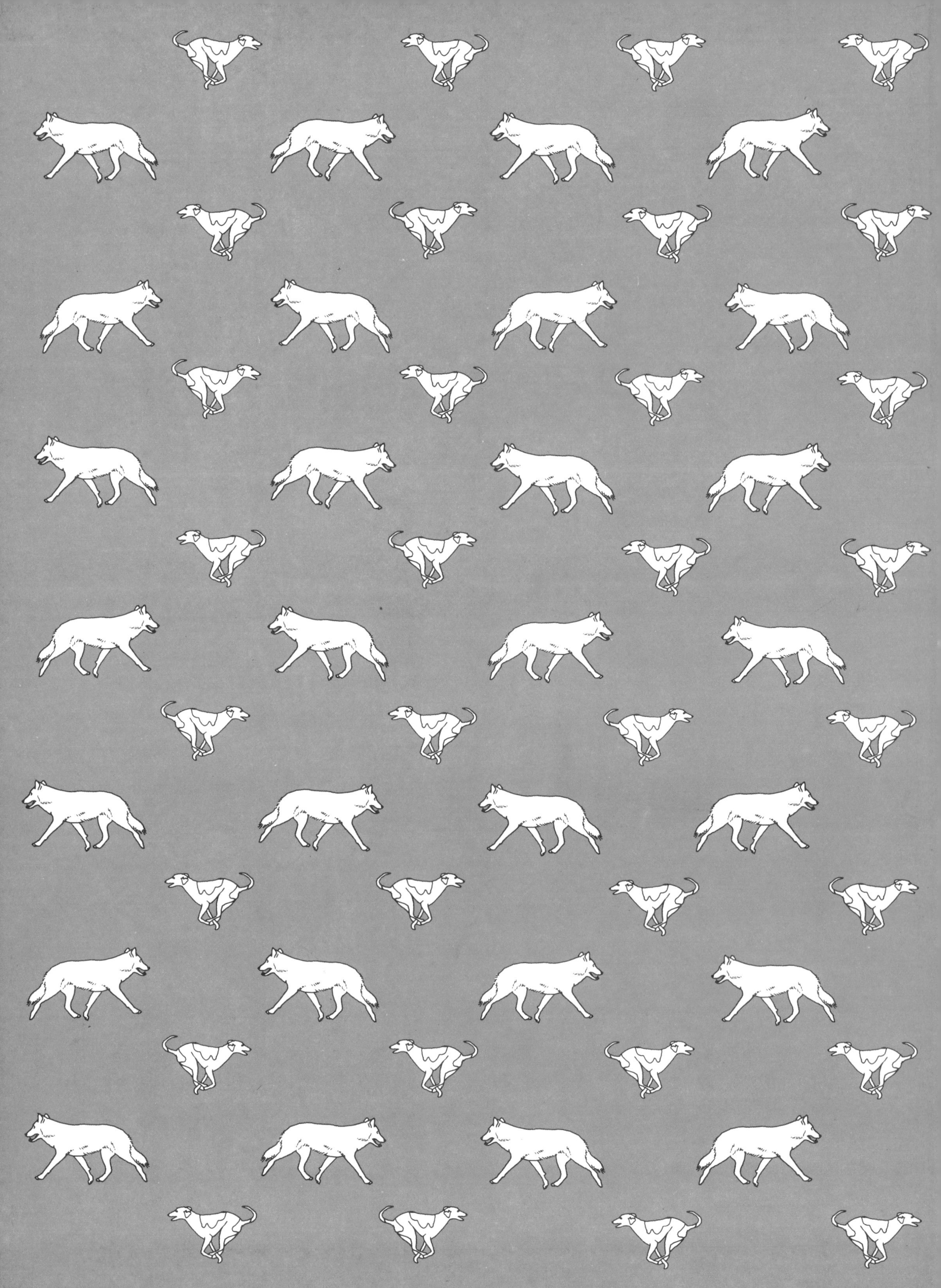